幼儿园自然教育丛书

自由环境下的
幼儿园区角游戏设计

主编

王燕兰　周世春

副主编

张春美　冯晓华　张司仪

编写人员

张春美　冯晓华　许伊佳　刘　艳　聂　晶
俞文君　杨　荣　刘　琳　毛　磊　王　婷

南京师范大学出版社

图书在版编目（CIP）数据

自由环境下的幼儿园区角游戏设计／王燕兰，周世春主编．— 南京：南京师范大学出版社，2017.12（2024.8重印）

（幼儿园自然教育丛书）

ISBN 978-7-5651-3390-9

Ⅰ．①自… Ⅱ．①王…②周… Ⅲ．①游戏课—学前教育—教学参考资料 Ⅳ．① G613.7

中国版本图书馆 CIP 数据核字（2017）第 121119 号

书　　名	自由环境下的幼儿园区角游戏设计
丛 书 名	幼儿园自然教育丛书
主　　编	王燕兰　周世春
责任编辑	王　瑾
出版发行	南京师范大学出版社
地　　址	江苏省南京市玄武区后宰门西村9号（邮编：210016）
电　　话	（025）83598919（总编办）　83598412（营销部）　83598312（邮购部）
网　　址	http://press.njnu.edu.cn
电子信箱	nspzbb@njnu.edu.cn
照　　排	南京凯建图文制作有限公司
印　　刷	江阴金马印刷有限公司
开　　本	787毫米×960毫米　1/16
印　　张	15.25
字　　数	210 千
版　　次	2017 年 12 月第 1 版　2024 年 8 月第 2 次印刷
书　　号	ISBN 978-7-5651-3390-9
定　　价	65.00 元

出 版 人　张　鹏

南京师大版图书若有印装问题请与销售商调换

版权所有　侵犯必究

序

"实在不好意思啊！还没有完成……对！还没有……"回想起一个月前的那个清晨，我被自己急促与带着歉意的梦话催醒过来的情景，至今仍然不免心生感慨：这项看似简单的工作居然让我带进了梦里！而且，居然在梦里梦外穿行过之后还是没有完成！是对方不急不催吧？不是，连续几周我都在收到中心思想为"即将付印、急待序言"的信息。是我得了拖延症吧？不太像，因为那么多在这个项目后来的任务都一个个挤到它前面并且被快速解决，唯独这一篇在框架与长短上没有特别需求的文字却一直是0字节。反复想来，恐怕只有一个解释看似合理：笔者在乎它，很想借助它来把自己关于这项课题的理解与感受说得清楚、翔实一些，却耽于拙笔不胜浓意……

最初知道这项课题，是在南师大附近的一家咖啡馆里。燕兰园长和她的助手拿着课题申报书逐项叙说她们的想法、计划，我的思维则跟随着她们的话语不断做着"自由"与"自然"、"环境"与"成长"几个词语及其相关语料之间的搜索与聚焦、拆分与整合。

一所幼儿园的核心要素无外乎四个：环境、教师、孩子、课程。从变革整体环境入手来促进孩子的发展，看起来只涉及其中的两个，但实则却必将四个要素同时都裹挟进去。如果在一所新开办的幼儿园这么做是绝对必需，但是对于已经有几十年的教学与管理经验的示范级的幼儿园来说，则无疑是项近似于全面变革的大工程！幼儿园科研水平在辖区内名列前茅、教师和园长连年都有获奖、家长口碑佳、园中的孩子们健康茁壮、园外的孩子们在拥挤着等着进来……如此背景下，一定要去给自己加一个全园变革的大压力，核心的缘由或许只能锁定在对"自由环境"和"自然成长"的向往上面。而稍作比对，不难发现：这份发自内心的向往，与幼教之父福禄贝尔将其开办的教育机构命名为幼儿园的初衷并无二致，即是要让孩子们可以在安全美好的花园里，遵循生命的天性健康成长。

毫无疑问，这项直指幼儿园教育之本的课题，与诸多跟风借力、将科研工作作为幼教机构装点包装的幼儿园课题完全不同。也毫无疑问，这是一项任务难度够大、耗时不可不长、耗神不可不多的工作，绝非仅凭心里的意愿和口头上的毅力就可以达成的！

因为被课题负责人及其团队的热望所感染，希望自己以微薄之力提供些力所能及的帮助，我接受邀请，定期走进幼儿园，和课题组的老师们一起研讨、观察、分析、寻找课题研究的最近发展区，明确分支任务，汇总阶段性成果……回眸望去，那的确是一段珍贵的好时光。

从最初的边界不清、路径不明、课题组成员间小有拘谨，到后来的计划紧凑、任务明确、实践到位、成员间谈笑风生且协作支持准确高效，每一次和课题组的老师们共同工作，都让我真切地感觉到了他们认真与踏实的工作风格、他们对理想幼儿教育实践的热盼；还有，透过课题本身，每一位成员生命深处对于美好、明亮与温暖的人生境界的那份追求。所有这些，无不让我感到欣慰与鼓舞。记得有一次在离开幼儿园回家的地铁上，对着窗外满目的秋色，我忍不住想：与其说是我给这个课题提供了什么帮助，不如说是这个课题组带着我一起进入了一个和谐的人际生态场域，让我和大家一起经历着一次又一次对美与善、对真与诚的追求！

现如今，燕兰园长和她的团队的研究成果终于要出版了，由衷为她们高兴！而且最令人欣慰的是，除了课题本身的成果之外，她们还无私地将本课题的研究行进中的行动档案也单列出版。在我看来，这套丛书不仅可以给当下行进于幼儿园科研的探索者提供最为精准的帮助，而且也是全部课题研究过程中一项更为重要的收获！

深深祝福！

刘晶波

南京师范大学教育科学学院教授

博士生导师

2017 年 11 月

目 录

001 / 序

001 / 绪　论　自由环境与幼儿的自然成长

009 / 第一章　区角游戏的设计与指导

011 / 第一节　区角游戏概述
017 / 第二节　区角游戏的设计
022 / 第三节　区角游戏的指导

029 / 第二章　自由多元的班级区角游戏环境创设策略

031 / 第一节　创设自由多元的区角游戏环境的实践经验
038 / 第二节　生活区环境创设策略和活动案例
059 / 第三节　语言区环境创设策略和活动案例
086 / 第四节　美工区环境创设策略和活动案例
113 / 第五节　科学区环境创设策略和活动案例
143 / 第六节　益智区环境创设策略和活动案例
174 / 第七节　运动区环境创设策略和活动案例
196 / 第八节　感官区环境创设策略和活动案例

221 / 第三章　教师在创设自由的区角游戏环境中的收获与成长

223 / 第一节　一场关于收获与成长的教师沙龙
228 / 第二节　我们的教育故事

绪 论
自由环境与幼儿的自然成长

绪　论　自由环境与幼儿的自然成长

在当今的学前教育领域，人们越来越关注"环境"对于身处其中的幼儿发展的独特价值。当越来越多的人意识到环境是除班级两位教师之外的"第三位老师"时，当越来越多的人意识到"环境的潜能还能够激发起社会、情意和认知方面的种种学习"[1]时，当越来越多的人意识到"我们容许偶然的环境做这个工作，还是为了教育的目的设计环境，有很大的区别"[2]时，人们便急于想要改变当前幼儿园教育教学情境中环境僵化、单调、随意、高控、不适宜的局面，但常常又陷入另一个"困局"：幼儿园中的教育教学环境究竟应该如何创设？什么样的环境对于幼儿的成长和发展是最为有利的？经过多年的探索与尝试，我们认为，幼儿园教育教学情境创设的一个总的原则应该是：自由。

一、自由、自由环境与幼儿园教育教学情境中的自由环境

什么是自由？从本体论的意义上讲，自由是人最宝贵的权利，是人之所以为"人"的基础；自由是人的本性，是不可剥夺的。从实践的层面上讲，自由又是人可以并且需要通过努力去争取的。自由有消极和积极之分。消极自由（negative liberty）是指人有"免于……的自由"（be free from...），即人不受外界的干涉和强制，可以摆脱束缚其生命活动的外部框框和限制。积极自由（positive liberty）是指人有"从事……的自由"（be free to...），即人可以自我引导、自主选择、自我主宰。

自由并不意味着消除任何纪律，相反，为了使每个人平等地享受自由，就必须设定一定的纪律，以保障人人获得自由。因此，自由是相对而有条件的——如果一个人的自

---

1. [美] 卡洛琳·爱德华兹，莱拉·甘第尼，乔治·福尔曼. 儿童的一百种语言 [M]. 罗雅芬，连英式，金乃琪，译. 南京：南京师范大学出版社，2006：173.
2. [美] 约翰·杜威. 民主主义与教育 [M]. 2版. 王承绪，译. 北京：人民教育出版社，2001：25.

由被无限放大,他周围的人必定受到影响,那么,一个人的自由很有可能成为另一个人享受自由的桎梏。从这个意义上说,"自由不是主体的随心所欲、为所欲为,而是主体和客体的统一,是权利和义务的统一,是自由和责任的统一"[1]。由此可见,自由之中就包含着纪律,纪律是自由的"题中应有之义"。实际上,自由和纪律就如同一枚硬币的两面:自由的实现需要内部纪律的保障,而科学的自由则会导致纪律。

自由的主体是人,物是谈不上什么自由的。所以,自由的环境实际上指的是使处在环境中的人享有自由的环境。在本书中,"自由环境"又特指幼儿园教育教学情境中的自由环境,而不是其他类型或其他领域内的环境。这样的"自由环境",说到底就是幼儿园教育教学情境中能够让幼儿充分享有自由的环境,具体可以从以下两个方面来认识。

第一,从消极自由与积极自由的角度上看,消极自由是指人有"免于……的自由",不受外界的干涉和强制,与此对应的自由环境就应该是一种能够使人们免除束缚其生命活动的限制的环境。以此类推,幼儿园教育教学情境中的自由环境也应该具有类似的特点,即环境对于幼儿的正常生存和发展没有太多的不必要的限制和束缚,尤其是没有那些因为教师某些不正确的教育观念和教育行为,如不合理的活动设置、不合适的行为要求、不恰当的材料提供、不适宜的设施摆放而遭受的种种限制和束缚。

积极自由是指人有"从事……的自由",可以自我引导、自主选择、自我主宰,与此对应的自由环境就应该是一种使人们能够根据自己的兴趣和需要,自主地选择活动,并在活动的过程中自我引导、自我主宰的环境。以此类推,幼儿园教育教学情境中的自由环境也应该具有类似的特点,即在这个环境中,幼儿被认为是具有主体性和能动性的个体,有权利根据自己的兴趣和需要以及自身的发展水平自主地选择适宜于自己的、自己喜欢的活动,并在活动的过程中自主探索,同时根据自己的意愿进行创造和表达。在这样的环境中,幼儿拥有诸多的自由,如选择的自由、表达的自由、交往的自由、探索的自由等等。

第二,从自由与纪律的角度来看,自由的环境本身应该内含一定的纪律。这同样也

---

1. 袁贵仁. 马克思的人学思想[M]. 北京:北京师范大学出版社,1996:217.

适用于幼儿园教育教学情境中的自由环境。首先，这样的环境中应该具有确保幼儿基本安全与健康的纪律，以使幼儿享有身体上和心理上免于伤害的自由。其次，这样的环境中应该具有确保集体共享自由的纪律。自由是每个幼儿的自由，而不是以牺牲某些幼儿的自由为代价的，正如蒙台梭利所说："儿童的自由，就其限度而言，应在集体利益范围之内。"[1] 再次，这样的环境中的纪律应该是积极、活泼、内在和持久的。这意味着在自由的环境中，纪律不是靠呵斥、灌输、惩戒、奖励"培养"出来的，而是建立在幼儿共同探讨、共同理解、达成共识的基础上的。

二、自由环境对于幼儿自然成长的价值和意义

幼儿的自然成长是学前教育最重要的价值追求，这一点已经得到了古往今来无数教育家以及教育工作者的认同。所谓"自然"，其本意是天然而非人为，是人或事物自由发展变化，不受外界干预，不依靠任何外在原因，自己发生、自己存在、自己演化的一种性质和状态。这就意味着具有"自然"特性和状态的人或事物，必定有其内在的、固有的发展与变化的规律和法则。换句话说，它们的发展与变化是遵循这些规律和法则进行的，否则，自己发生、自己存在、自己演化将不可能实现。因此，当我们说"幼儿的自然成长"时，它首先指的是一种符合幼儿本能与天性的"自然而然"的成长，即一种遵循和顺应幼儿自身的、内部的、既有的发展规律、发展逻辑、发展法则的成长，而不是受到与规律背道而驰的"外力"干预和干扰而导致的"片面"的、"加速"的、"跳跃"的或者"故意拖延速度"的成长。这里所说的"幼儿的自然成长"，是就"幼儿"作为一个群体而言的。

当"幼儿"这个词用来指代个体时，"幼儿的自然成长"还包含另外的一层含义。虽然成长和发展是所有幼儿共同的本能和天性，同时，幼儿的成长和发展又遵循一些普适的规律和逻辑，即发展的过程中经历大致相同的阶段和程序，沿着大致相同的轨迹和路线，但就每一个"活生生"的幼儿个体而言，他们在实际发展的过程中，个体与个体

1.[意]玛丽亚·蒙台梭利. 蒙台梭利幼儿科学教育方法[M]. 任代文，译. 北京：人民教育出版社，2001：112.

之间在达到同一阶段的时间节点上，在具体的发展路径等方面仍会存在不小的差异。这种幼儿个体在发展上的差异性提示我们，"自然成长"还是一种能够让每个幼儿都按照他自己特有的发展方式、特点、步调、速率而表现出的有个性的发展，而不是由于"外力"不恰当的干预和干扰而导致的"整齐划一""步调一致""一个模子"式的发展。

通过以上阐述，我们其实已经可以看出，幼儿园教育教学情境中的自由环境与幼儿的自然成长需求之间具有高度的一致性和契合性，主要表现在以下几个方面。

第一，自由的环境中没有束缚幼儿生命活动的不必要的限制，尤其是没有与幼儿作为一个群体所共有的那些天性、本能、需要、成长规律等相违背的限制。教师的教育观念和教育行为，特别是环境中活动的设置、行为的要求、材料的提供、设施的摆放等均最大限度地避免了对于幼儿天性等的压制和强迫，因而使得幼儿能够获得与其本能相契合、与其年龄相适应、与其发展规律相一致的学习机会。而在这样的环境中，幼儿就能够遵循"自然的旨意"，按照天性，依从自身的发展需要、特点和规律，"有条不紊""一步一步""自然"地成长起来。

第二，自由的环境提供幼儿自我引导、自主选择、自我主宰的机会与条件。身处这样的环境，每个幼儿都可以发挥其主动性和能动性，成为自己发展的主人：既能够根据自己特有的发展特点、水平和步调等来选择适宜于自己的活动，也能够用自己特有的方式同化和吸纳外界，与周围的环境进行互动，还能够用自己喜欢的方式来表达活动的过程和探索的结果，从而在原有的发展水平上获得连续不断的、指向其最近发展区的、更进一步同时又富有个性的"自然"成长。

第三，自由的环境以一定的纪律为前提。自由的环境中保障幼儿身体和心理免于受到伤害的纪律，确保了幼儿的身心健康，而身心健康正是自然成长的"题中应有之义"。自由的环境中保障集体共享自由的纪律有助于幼儿在按照内部的、既有的发展规律进行活动时，免于受到他人不必要的干扰和限制，因而也与幼儿的自然成长需要相一致。此外，自由的环境中的规则是建立在幼儿共同探讨、共同理解和达成共识的基础之上的，因此，这种规则建立的过程就是幼儿表达其内在发展规律和需要的过程，这就决定了所达成的规则必然是符合幼儿的发展规律和需要的，因而也就与幼儿的自然成长需要相契合。

所以，总的来说，内含一定纪律，并能使幼儿充分享有"免于……的自由"和"从事……的自由"的自由环境，有助于免除幼儿身心发展可能遭受的种种限制和压抑，有助于每个幼儿按照其内在的发展规律、特点等自我引导、自主选择、自我主宰，因而对于幼儿由内而发的自然成长具有重要的价值和意义。

三、幼儿园教育教学情境中创设自由环境的基本原则

幼儿园教育教学情境中的自由环境对于幼儿的自然成长具有重要的价值和意义，这就启示我们要创设一种环境，使得幼儿身处其中能够享受到自由。正如蒙台梭利所说：建立一种合乎科学的教育，其基本原则是使儿童获得自由，使儿童从妨碍其身心发展的障碍中解放出来，使儿童的天性得以自然的表现。[1] 在实践中，我们需要具体把握好以下三点。

第一，尊重幼儿的自由权利。诚如上文所言，从本体论的角度上讲，自由是人最宝贵的、与生俱来的权利，是人之所以为"人"的基础，就像卢梭说的那样："人生而自由。"与生俱来意味着自由是不应该被剥夺的，也是不可能完全被剥夺的。作为人权的自由，既不是他人给予的，也不是由他人让渡而来的，而是天赋的。幼儿也是人，因此也就必然拥有人所拥有的权利，包括自由。因此，教师要更新自己对于自由与幼儿关系的认识：自由是幼儿的基本权利之一，无论教师是否意识到，它都"存在于那里"。幼儿的自由并不是教师给予的，更不是教师想给就有、不想给就没有的。只有教师认识到幼儿所拥有的自由权利，才会去尊重幼儿的自由权利。也只有这样，教师才会有意识地去为幼儿创设一个自由的环境，教师创设的环境才能让幼儿感受到自由，才有可能使幼儿享有行使自由的权利。如此一来，幼儿的自然成长也就是"顺理成章"的事了。

第二，在环境创设中，既要免除不必要的限制和束缚，也要确立基本的纪律。幼儿虽然具有一定的主观能动性，但与成人相比，他们仍显得十分"柔弱"和"无力"。面对外在很多不必要的限制和束缚时，幼儿很难发挥其主观能动性去挣脱。他们不知道应该如何挣脱，也没有能力去挣脱。从这个角度来讲，教师应该为幼儿创设免除了不必要

---

1. 梁志燊. 学前教育学[M]. 北京：北京师范大学出版社，1995：15.

的限制和束缚,且具有基本纪律的自由环境。首先,教师要有科学的儿童观,认识到幼儿是有能力的个体,能够积极主动地进行操作和探索,且幼儿的发展具有年龄特点和个体差异;其次,教师要有正确的教师观,认识到教师是幼儿活动的支持者、引导者和合作者,应该在适宜的时机为幼儿的发展提供"脚手架",并在适宜的时机"拆除",而不是给幼儿带来不必要的限制和阻碍;再次,教师要有必要的纪律观,认识到纪律能够保障个体自由和集体自由,但纪律是在师幼共同商讨的基础上建立的。只有这样,教师才能创设出自由的环境,促进幼儿的自然成长。

第三,将自我引导、自主选择和自我主宰的权利归还给幼儿。日本著名教育家小原国芳曾这样说过:"一个人在没有自由的时候,也不会有什么责任。现在的教师用自己的教育权利剥夺了本来属于学生的自由,同时也把责任背到了自己身上,摇摇晃晃,疲惫不堪。"[1]这真是当下幼儿园教师"生存状态"的真实写照——教师用自己的"特权",将幼儿自我引导、自主选择和自我主宰的权利都"笼络"到了自己的身上,看似是对幼儿的成长与发展负责,实则是对幼儿自然发展的钳制和禁锢。因此,创设自由的环境,也即意味着教师要将自我引导、自主选择和自我主宰的权利归还给幼儿,让他们去支配自己的思想、情感、意志和行为,做自己的主人。要做到这一点,教师可以从物理环境和心理环境两方面入手。在物理环境方面,教师首先要认识到空间对于幼儿发展的重要价值,特别是要认识到空间不是绝对的,而是相对的,必须根据幼儿的需要做相应的调整;其次要认识到时间与幼儿学习活动的关系,即幼儿在活动一段时间后,才能达到工作状态的高峰,例如出现有创意的表达、产生新的操作方式等;同时还要认识到材料与幼儿内在发展水平之间的关系,提供多样的、开放的、适宜且富有层次的材料,使得材料尽可能地与每一名幼儿的内在发展水平相契合,并根据幼儿的需要调整和更换材料。在心理环境方面,教师要为幼儿营造一个接纳和宽容的心理氛围,让每一名幼儿意识到,自己作为积极主动的学习者的形象是得到认同和鼓励的,自己具有巨大的潜能,有能力进行各种操作和探索,可以决定自己的学习行为,也可以为自己的学习行为负责。当幼儿有了这样的感受和体验之后,才能真正去自我引导、自主选择和自我主宰。

1.[日]小原国芳.小原国芳教育论著选:上卷[M].刘剑乔,等译.北京:人民教育出版社,1993:275.

第一章
区角游戏的设计与指导

第一章 区角游戏[1]的设计与指导

第一节 区角游戏概述

《幼儿园教育指导纲要（试行）》（以下简称《纲要》）中指出："幼儿园应为幼儿提供健康、丰富的生活和活动环境，满足他们多方面发展的需要，使他们在快乐的童年生活中获得有益于身心发展的经验。"区角游戏作为幼儿园活动组织的一种重要形式，为幼儿提供了丰富的活动环境和直接操作与探索的机会，有助于幼儿获得直接经验。

一、区角游戏的起源

区角游戏（区域活动）的思想发端于西方，最早是由蒙台梭利提出的，她反对传统教育注重集体教育，用一个"模子"去塑造具有不同特点的孩子，提出了将活动划分为不同活动区的思想，并在教室里设置了不同的区域，提供可实际操作的、真实的、符合幼儿发展特点的材料，促进幼儿的发展。随后，"高瞻课程""创造性课程"以及"光谱方案"中的区角游戏思想都影响深远，这三种课程模式中都创设了各种区域。"高瞻课程"强调儿童是积极的活动者和学习者，创设了9个核心活动区，包括积木区、娃娃家区、美工区、安静区、木工区、音乐和节奏区、玩沙玩水区、动植物区以及户外活动区。[2] "创造性课程"以发展适宜性理论为基础，创设了11个学习区，即积木区、戏剧扮演区、益智区、美劳区、图书区、发现区、沙水区、音乐律动区、烹饪、电脑区和户外区。从以上可以看出，不同的课程模式中虽然设置了不同的区域，但是都强调通过

---

1. 本书中的区角游戏与区域活动、区角活动是同一种组织形式。
2. [美]玛丽·霍曼,伯纳德·班纳特. 活动中的幼儿——幼儿认知发展课程[M]. 郝和平，周欣，译. 北京：人民教育出版社，2000：5-6.

创设区角游戏来支持幼儿的发展需求。

二、区角游戏的概念与特点

关于区角游戏（区域活动）的概念，很多研究者都提出了自己的看法，例如，所谓区域活动指的是这样一种活动形式：教育者以幼儿感兴趣的活动材料和活动类型为依据，将活动室的空间相对划分为不同区域，让他们自主选择活动区域，在其中通过与材料、环境、同伴的充分互动而获得学习与发展。[1]又比如，区域活动也称活动区活动、区角活动等，是指以幼儿的需要、兴趣为主要依据，考虑幼儿园教育的目标、正在进行的其他教育活动等因素，划分一些区域，如积木区、表演区、科学区等，在其中投放一些适合的活动材料，制定活动规则，让幼儿自由选择区域，在其中通过与活动材料、同伴等的积极互动中获得个性化的学习与发展。[2]

从以上的定义中我们可以看出，大家普遍认同区角游戏（区域活动）主要是教师根据幼儿的学习与发展目标、幼儿发展的特点、幼儿的兴趣和需要提供适宜的材料，供幼儿自主选择、自主操作和探索，通过与材料、同伴的互动，获得个体的发展。

根据以上定义我们也可以看出，区角游戏（区域活动）具有自主性、操作性和开放性的特点。

所谓自主性，指的是幼儿不需要在固定的时间范围内和其他幼儿做一样的事情，可以根据自己的兴趣、需要、发展水平、学习方式等自由地选择区角游戏，按照自己的方式与材料和同伴进行互动。

所谓操作性，指的是幼儿不需要端坐静听，仅仅依靠听来获取经验，可以用双手和各种感官去操作材料，在操作的过程中感知材料的特性，探索不同材料之间的组合。

所谓开放性，不仅指空间上的开放性，即不同区角游戏之间只是进行相对的划分；

---

1. 冯晓霞．幼儿园课程[M]．北京：北京师范大学出版社，2001：259．
2. 秦元东，王春燕．幼儿园区域活动新论——一种生态学的视角[M]．北京：北京师范大学出版社，2008：1．

还指材料上的开放性,即每名幼儿都可以按照自己的方式与材料互动。

三、区角游戏对儿童发展的价值

基于区角游戏的特点,我们就可以发现区角游戏对儿童发展具有巨大的价值。

(一)区角游戏符合幼儿获得经验的方式,有利于幼儿获得完整的经验

首先,区角游戏符合幼儿获得经验的方式。杜威强调获得经验的过程,认为实践、行动、做是课程实施的重要方法,主张"做中学"。"做"这个原则是教学的基本原则,一切的学习,不论是肌肉的,不论是感觉的,不论是神经的,都要靠"做"的。[1] 这也正是陈鹤琴先生"活教育"中的一条重要的教学原则,他指出:"在学校里的一切活动,凡是儿童自己能够做的,应当让他自己做,做了就与事物发生直接的接触,就得着直接的经验,就知道做事的困难,就认识事物的性质。"[2] "幼儿只有通过亲手改变状况和积累经验,才能够成长进步。"[3] 从中可以看出,幼儿获得经验的方式主要是通过直接操作与参与获得,而区角游戏能够满足幼儿在不同的情境下直接操作与探索的需要,有助于幼儿获得直接经验,这也符合《3—6岁儿童学习与发展指南》(以下简称《指南》)中指出的"幼儿的学习是以直接经验为基础"。

其次,区角游戏有利于幼儿获得完整的经验。幼儿的全面发展需要各种经验,不同类型的区角游戏侧重于发展幼儿经验的不同方面,有助于幼儿获得完整的经验。例如,积木区有助于幼儿探究或合作性建构、分类、比较和排列物体,探索平衡、几何空间等问题;角色扮演区是幼儿已有经验的重现和重构,通过扮演不同的角色,再现生活中的人和事,有助于幼儿在游戏情境中对不同角色的认识和对不同的需求做出反应;种植区为幼儿提供了在真实的环境下获得有关植物生长的经验以及简单的生态关系的经验。所

---

1. [美]约翰·杜威. 民主主义与教育[M]. 2版. 王承绪,译. 北京:人民教育出版社,2001:654.
2. 陈鹤琴,北京市教育科学研究所. 陈鹤琴教育文集:下卷[M]. 北京:北京出版社,1985:653.
3. [日]高杉自子. 与孩子们共同生活 幼儿教育的原点[M]. 王小英,译. 上海:华东师范大学出版社,2009:104.

以说，区角游戏能够为幼儿提供丰富的多样化的生活和活动环境，使得幼儿获得完整经验。而且，区角游戏有助于架起幼儿的幼儿园内与幼儿园外的生活。幼儿的生活是一个整体、一个总体，幼儿在园内与园外获得的经验应该能够相互连续。杜威就曾批判过学校教育与生活教育之间的断裂，他指出："从儿童的观点来看，学校的最大浪费是由于儿童完全不能把在校外获得的经验完整地、自由地在校内利用；同时另一方面，他在日常生活中又不能应用在学校学习的东西。"[1]而区角游戏就可以避免以上现象的出现，能够使得幼儿在幼儿园内与幼儿园外获得的经验相互融合、相互促进。例如，在建构区，幼儿建构超市、小区、公园等都是幼儿对生活中观察到的事物的表现，通过建构，可以深化幼儿已有的经验，还可以扩展幼儿对于超市、小区、公园的已有经验。再比如，在角色扮演区，幼儿的角色是对生活的再现，通过角色扮演区的游戏，又可以使得幼儿进一步了解生活。

（二）区角游戏有利于尊重幼儿的个体差异，实现每名幼儿的个性化发展

《纲要》中指出："尊重幼儿在发展水平、能力、经验、学习方式等方面的个体差异，因人施教，努力使每一个幼儿都能获得满足和成功。"加德纳的多元智能理论提出八大智能，这八种智能在每个人身上的具体体现是不同的，有的人空间／视觉智能发展得比较好，对空间的理解能力比较强；而有的人自然智能发展得比较好，对物体分类以及自然的感知力比较强。另外，不同的学习者也具有不同的学习方式。有些人是听觉学习者，即通过听觉能学得更好的孩子，他们特别能接收声音或语言，常以讨论的方式来解决问题；有些人是视觉学习者，即通过眼睛看可以学得更好的孩子，他们会被颜色、形状、动作所吸引，习惯以影像或图像的方式来思考；有些人是动觉学习者，即通过移动、操作才能学得更好的孩子。[2]而区角游戏能尊重幼儿的个体差异，满足不同幼儿的学习方式、智能组合、发展水平和发展需要，使得幼儿能够按照自己的发展方式、特点、步调、智能组合形式有个性的发展，获得有益于身心发展的经验。

1.[美]约翰·杜威.学校与社会·明日之学校[M].赵祥麟，任钟印，吴志宏，译.北京：人民教育出版社，2006：58.
2.[美]黛安·翠斯特·道治，劳拉·柯克，凯特·海洛曼.幼儿园创造性课程[M].吕素美，译.南京：南京师范大学出版社，2006：39-40.

（三）区角游戏是幼儿全人教育的必然要求，有利于培养完整的幼儿

1999年，世界学前教育组织和国际儿童教育协会共同制定的《全球幼儿教育大纲》认为："优秀的幼儿教育课程是针对儿童整个身心健康而设计的，必须考虑儿童的身体状况、认知水平、语言能力、创造能力、社会性与情感的发展，注重培养身心健康的'完整儿童'。"《纲要》中也提到要满足幼儿"多方面发展的需要"，表明了幼儿发展的全面观，即培养和谐发展的完整儿童，而不是忽视幼儿的多种需要，在其各方面潜力还未被发掘就过早地抑制、分化而使其单方面发展。培养完整的幼儿就要求教育内容的全面，教育内容的全面就要渗透在多样性的区域活动中，幼儿通过参与区角游戏来获得多方面的发展，成长为身心各方面健康发展的完整幼儿。所以，区角游戏有助于培养完整的幼儿。

四、当前学前教育领域内开展区角游戏的现状

（一）教师们在理念上认识到区角游戏的价值，在实践中积极开展区角游戏

由于学前教育领域专家的倡导与不断推广，教研员的大力实践，越来越多的一线教师开始逐渐了解区角游戏，知道区角游戏具有的特点，认识到区角游戏并不仅仅是集体教学的补充，而且是具有独特的价值与地位的，对儿童的发展具有集体教学所没有的优势的。例如，区角游戏有利于尊重幼儿的个体差异，发挥幼儿的主动性、创造性，使每名幼儿都能在原有发展水平的基础上获得发展，所以，教师们从理念上接受了区角游戏，认识到了区角游戏的价值，在实践中积极开展区角游戏。在尝试开展区角游戏的过程中，越来越多的教师经常会在观察区角游戏中的幼儿时，发出感叹："原来不用我教，孩子们可以通过操作、尝试、探索、与同伴互动等来获得经验"，"孩子们的作品太让我震撼了"，"我以前怎么没有发现呢，原来孩子们需要的是他们自主尝试的空间和时间"……在实践中，发现幼儿具有的能力，也极大地鼓舞了教师们创设区角游戏的勇气，坚定了教师们创设区角游戏的决心。

在实践中，各园所纷纷根据自己本园的情况，因地制宜，试图创设出适宜本园的区角游戏。例如，有的园所在学习的过程中，了解到幼儿只有当专心致志从事一项自主游

戏 30 分钟以上，才会出现复杂的游戏。[1] 所以，这些幼儿园在原有的时间表的基础上，对时间表稍作了调整，保证幼儿有充足的区角游戏时间，保证了幼儿的游戏权利。同时，本班教师还可以根据班级幼儿游戏开展的情况，适当灵活地调整该次的区角游戏时间，使得时间的安排不仅具有一定的计划性，而且也具有一定的灵活性，更加适宜区角游戏的开展。再如，空间布局对区角游戏的开展也具有重要的影响。因此，教师们纷纷探索如何有效地利用空间，意识到空间既是绝对的，也是相对的。教师们不仅利用地面、桌面、柜面等不同层次的空间来开展适宜的区角游戏，还利用桌面、柜面等来制作有助于幼儿自主操作的步骤图等，还利用平面、立体、悬挂、照片等方式来展示幼儿的作品。又如，教师们意识到材料是幼儿获得经验的重要源泉，所以，教师们不仅自制材料，还充分搜集自然材料、废旧材料等来投放到区角游戏中，增加幼儿与不同材料互动的机会。

（二）教师们在积极开展区角游戏的过程中，也存在一些困惑与问题

虽然教师们在理念上认识到区角游戏对儿童发展的价值，也在实践中积极开展，但由于教师的原有知识、经验等的影响，使得教师在开展区角游戏的过程中还存在一些困惑与问题。

例如，虽然教师们意识到材料对幼儿发展的价值，也通过多种途径丰富班级的区角游戏材料，但是在实际的材料提供中，有些材料却不能吸引幼儿的兴趣。例如，教师费了很大力气制作的一些材料，却不能吸引幼儿的参与，发展水平高的幼儿不愿意玩，因为该材料对他来说没有挑战性；发展水平低的幼儿也不愿意玩，因为在没有成人或有经验的同伴的指导的情况下，他不会玩；发展水平适宜的幼儿也仅仅操作一次，因为在操作了一次后他已经掌握了，也就不愿意来玩了。在面对该情况时，教师们也很苦恼：该如何提供适宜的材料来满足不同发展水平幼儿的需要呢？虽然从理论上来讲，要注重材料的层次性、丰富性，使得每名幼儿都能找到与内在发展水平相契合的材料，但在实际的材料提供中，教师们还是存在很多困惑的。

---

1. [美] 德布·柯蒂斯，玛吉·卡特. 关注儿童的生活：以儿童为中心的反思性课程设计 [M]. 2 版. 郑福明, 张博, 译. 北京：教育科学出版社，2015：67.

再如，虽然教师们意识到了观察是了解幼儿行为的重要途径，各园所也设计了不同的观察表格来辅助教师们进行观察，但是在实际观察的过程中，教师们的主观意识还是比较浓厚，在记录的过程中会用主观的词汇，而不是从幼儿的视角来记录幼儿的行为，在分析幼儿出现该行为的原因以及该行为背后蕴含的幼儿的发展水平、已有经验时也常常会从教师教授知识的角度来思考，在这种情况下，教师就不能真正理解幼儿的行为。所以，教师在观察幼儿行为的过程中，不仅需要相应的观察表格，更需要的是观念上的转变，从幼儿的视角来观察，而不是总从教师的角度来思考和解读幼儿的行为。

又如，虽然教师们也接受了各种指导幼儿区角游戏的培训，知道指导幼儿的方式有直接介入、间接介入、平行游戏等方法，但是在实际指导幼儿区角游戏的过程中，教师常常会"谨记"幼儿发展的核心经验，或者是该类区角游戏所蕴含的发展目标，在看到幼儿不会操作或者没有按照自己设计的方式进行操作，就会直接告诉幼儿操作的方法，这就会扼杀幼儿积极探索的主动性。

当然，区角游戏的开展虽然面临着各种问题，但是在教师们不断学习与反思的过程中，这些问题会越来越少，教师们也会积极探索开展区角游戏的适宜方法，总结相应的策略。

第二节 区角游戏的设计

游戏是幼儿的基本活动，区角游戏恰恰能够满足幼儿游戏的需要。可是，教师如何设计区角游戏，才能使得区角游戏满足不同年龄段幼儿的需要，适宜不同幼儿的发展需求，促进每名幼儿都在原有发展水平的基础上获得发展？通过不断的探索与实践，我们总结出设计区角游戏的五条策略，即基于幼儿发展的核心经验开发区角游戏，根据课程主题开发区角游戏，追随幼儿的学习与游戏兴趣开发区角游戏，借助家庭玩具资源开发区角游戏，以废旧材料为线索开发区角游戏。

一、基于幼儿发展的核心经验开发区角游戏

《纲要》中指出:"教育活动目标的确定要以对本班幼儿的发展水平和原有经验的了解为基础,逐步落实《幼儿园工作规程》和本纲要所提出的保育教育目标。"所以,我们要结合《纲要》和《指南》中该年龄段幼儿学习与发展的核心经验来开发区角游戏活动,使得幼儿获得该年龄段幼儿发展的核心经验,促进幼儿的发展。例如,《指南》中指出"3~4岁幼儿的典型表现之一为能熟练地用勺子吃饭",所以,我们利用纸盒做成了娃娃的造型,让幼儿用勺子来喂娃娃吃饭,既有游戏情节,符合3~4岁幼儿发展的思维特点;又能使幼儿发展手的动作,使手的动作灵活协调。又如,《指南》中指出"经常用绘画、捏泥、手工制作等多种方式表现自己的所见所想",所以,我们在美工区投放了不同种类的绘画工具,例如,水粉画、水彩笔画、刮画等绘画材料,还有超轻粘土、油泥等泥塑材料,来满足该年龄段幼儿发展的需要,使得幼儿获得该年龄段幼儿发展的核心经验。

二、根据课程主题开发区角游戏

我园的课程多以主题活动的形式呈现,为了让幼儿在主题中获得更多直接、有效的经验,我们将区角游戏活动与主题背景相融合,结合主题目标和幼儿的发展需要,通过环境的创设及幼儿与材料的互动来促进其发展,也使得主题的实施更加深入有效。

在主题活动开展之前,为了实现主题目标,促进主题活动的有效开展,教师可以在区角游戏中进行相应的经验积累,将区角游戏作为主题活动的前奏,为主题活动的顺利开展做好铺垫。例如,在大班主题活动"春天的秘密"中,有一个"美丽的向日葵"的美工活动,要求幼儿用短泡沫纸条上下交错编织在小圆形底盘上,之后将剪好的小花瓣订在两个编好的背面相贴的花盘中间。在这个活动中,能正确编织是一个难点,于是活动前的一段时间,我们在生活区投放了"编地毯"的材料,让幼儿先用大块的泡沫纸底板和较长较宽的泡沫条初步学习编织方法。在后来的"美丽的向日葵"集体活动中,幼儿基本都能顺利完成向日葵的制作,有些花盘颜色搭配还非常美观呢!

在主题活动的开展中经常会出现幼儿特别感兴趣的、具有"探索"和"借鉴"价值，且与区角游戏相联的活动内容，这时就可将此活动的相关图片、作品和材料等，用于推进区角游戏的创设。例如，在大班"丰收的季节"主题活动中，开展了集体教学活动"美丽的花瓶"，幼儿利用欣赏后的经验及大胆想象，画出了各种各样美丽的花瓶，涌现出很多优秀的作品。因此，我们在美工区创设了"花瓶的设计与装饰"的游戏，让幼儿用各种造型的玻璃瓶、各色粘土、DIY装饰材料制作与装饰花瓶。

在主题活动开展之后，由于个别集体活动的时间有限，幼儿不能深入操作与发现，而且有时受到材料的局限，不得不让多人合用一些材料，使得幼儿对这些活动内容意犹未尽，还想继续进行探究，而区角游戏活动正好能够满足幼儿的需要，使得幼儿获得经验的连续增长。于是，我们将幼儿感兴趣的集体活动的材料投放到区角游戏中，来满足幼儿的需要。例如，中班的集体活动"给气球充气"，幼儿对吹气球、打气球产生浓厚兴趣，但由于集体活动时间有限，老师便把这一内容延伸至区角游戏中。同时，老师还提供了几种造型与使用方法不同的气筒，如粗细不同的手握推拉式气筒、站立提压式气筒、脚踩式气筒等，满足幼儿继续操作和探索的欲望。

三、追随幼儿的学习与游戏兴趣开发区角游戏

虽然教师会根据该年龄段幼儿的发展特点、典型特征等来设计适宜于幼儿发展的、满足幼儿需要的区角游戏，但是由于幼儿的已有经验、兴趣的不同，教师无法设计出每名幼儿都感兴趣的游戏。所以，在发现幼儿对某些主题感兴趣时，我们还会追随幼儿的兴趣来设计相应的区角游戏活动，以满足幼儿的需要。例如，秋天到了，树上的叶子纷纷落下，幼儿在饭后散步时，对叶子很感兴趣，他们捡起一片树叶就爱不释手。面对幼儿如此浓厚的兴趣，我们就生成了和幼儿共同捡拾树叶的活动。可是捡拾这么多树叶后，又该如何呢？我们和幼儿共同讨论，幼儿想用树叶做什么，在区角游戏中可以自由尝试；同时，教师也充分发挥引领作用，为幼儿设计了树叶拓印、树叶标本、树叶印画、树叶拼贴画等区角游戏，幼儿沉浸在玩树叶的快乐中。

四、借助家庭玩具资源开发区角游戏

在玩具分享日,幼儿将自己喜欢的玩具带到幼儿园,他们都非常喜欢玩。据此,我们设计了家长问卷,了解了幼儿在家中喜欢玩的玩具多集中在拼插组装类玩具、电动玩具、闪光玩具、时尚芭比系列、惯性玩具、油泥、编织类等。这些玩具都是幼儿喜欢的,也具有一定的互动性和发展性。所以,我们借助家庭玩具资源来开发幼儿园的区角游戏活动,既建立了幼儿家庭与幼儿园集体环境的联系,同时也可以丰富区角游戏材料的多样性,扩展幼儿获得经验的渠道,有助于增加幼儿的新经验。对于收集到的玩具资源,我们采取以下五种方式投放在区角游戏中。

(1)原样投放,即将家庭提供的玩具材料和图纸全部直接投放在区域中,如,积塑套装玩具、插片玩具等低结构性的玩具,桌球、小猫钓鱼等幼儿熟知的玩具,请幼儿介绍玩法,提供玩具拼装图纸或儿童作品造型图片,供幼儿参考学习。

(2)选取性投放,即选择其中一部分材料进行投放或根据班级状况分批次投放。如,多米诺骨牌中有1—100的数字、加减乘除的符号等,我们考虑到班级幼儿的年龄特点、发展现状和领域发展目标,先提供1—20的数字,去掉了加减乘除符号。

(3)组合式投放,即根据需要,将家庭玩具资源和教师自制玩具组合在一起进行投放。如,幼儿带来的保龄球只有一个,不能满足幼儿的人数需要,而且每扔一次就要捡一次;球瓶过轻,一碰就倒。于是,教师自制了纸球和不同重量的易拉罐共同投放在保龄球区域,满足了幼儿一次可以击打几次的需要,同时增加了击倒不同物体的难度,增加了游戏的趣味性。

(4)情境性投放,即为提供的玩具材料创设一定区角游戏的情境,增加儿童游戏的氛围。如,有幼儿从家里带来了玩具串珠,我们就创设了一个项链店的环境,柜台里悬挂幼儿穿好的各种作品,柜台上有不同串法的图示、照片;再放上几个幼儿自制的妈妈纸板头像,挂上幼儿自己制作的串珠项链,放上一面镜子。在这样一个环境中,幼儿既喜欢做项链的设计者,又喜欢购买各种各样的项链,他们常停留在这里挑选项链,根据自己的需要请店员设计项链……在家中不愿再玩的串珠,在这里却被赋予了新的内容和兴趣。

（5）仿制性投放，即原有的家庭玩具因为尺寸等原因，被教师重新模仿制作、放大或稍稍改制后进行投放。如，幼儿从家中带来的迷宫比较小，适合一个孩子玩，幼儿玩过一次便没有兴趣了。教师将迷宫等比例放大后，设计成两人同时能玩的迷宫；或者只是提供不同路线的底板，让幼儿使用长条积木自己设计拼搭迷宫的路线，再和同伴一起用小纸团或滚珠等物体走走这种立体迷宫，从而发展了幼儿的想象力，提高了他们的游戏兴趣。

五、以废旧材料为线索开发区角游戏

《纲要》中明确指出，"幼儿园应与家庭、社区合作，充分利用各种教育资源，共同为幼儿的发展创造良好的条件"，"指导幼儿利用身边的图片或废旧材料制作玩具手工艺品等来美化自己的生活或开展其他活动"，而区角游戏的功能主要是通过材料来实现的，幼儿实际上是在与材料的相互作用中获得发展的。而且，我们搜集到的废旧材料，例如生活中的毛线、各种瓶子、纸盒、果壳、薯片罐子、瓜子壳、卷纸筒等，基本上都是低结构的材料，具有较强的操作性和探究性，并且这些材料的形状各异，还安全经济，不仅有助于扩展幼儿的区角游戏内容，还能初步发展幼儿的环保意识，知道材料可以回收后再利用。我们在利用废旧材料时，主要通过以下几种方法投放。

（1）直接投放，即把收集到的废旧材料进行消毒整理后直接投放到班级的材料资源库，然后教师观察不同幼儿与该材料的相互作用方式。例如，薯片罐子，教师观察到不同幼儿使用薯片罐子的方式是不一样的，有些幼儿将薯片罐子拿到积木区，直接用来搭建；有些幼儿画出树、花等将其贴在薯片罐子上，作为积木区的装饰；有些幼儿用薯片罐子做笔筒……这种直接投放有助于幼儿根据自己的需要来使用材料，也有助于发展幼儿的思维。

（2）改造后投放，即把收集到的材料进行加工，将其制作成适宜该年龄段幼儿的材料。例如，教师将搜集到的雪碧瓶，制作成娃娃的造型，供3~4岁的幼儿开展喂娃娃的活动，以发展幼儿的手部肌肉的协调性。

（3）多种材料组合投放，即教师把搜集到的材料进行组合，制作成幼儿喜欢的材料。

例如，教师将搜集到的纸盒和吸管，制作成迷宫，供幼儿探索等。

当然，我们不仅利用教师的想象力和创造力来将废旧材料变废为宝，变成幼儿喜欢的玩具，我们还充分发挥幼儿自身的能力来使用废旧材料。所以，教师将收集到的材料放到班级材料库，允许幼儿自由探索每种材料的使用，以及不同材料之间的组合，通过撕、剪、拼粘、组合等方式来充分发挥幼儿的主动性和创造性。

第三节　区角游戏的指导

如何使得区角游戏能够与幼儿产生积极的互动，使得幼儿在与之互动的过程中，获得发展？经过不断的探索与实践，我们将区角游戏的开展分为三个阶段：游戏前、游戏中、游戏后，并总结了在每个阶段教师重点关注的是什么，以及该如何做。

一、游戏前

一个受欢迎的幼儿区角游戏往往需要十分缜密的事先策划，一个好的事先策划往往决定了活动的效果。在组织区角游戏前，首先要根据幼儿的需要和发展水平确立游戏的主题，然后根据主题设计符合幼儿发展特点的场景，同时教师要围绕活动主题为幼儿提供丰富适宜的材料，使得幼儿通过操作、摆弄、发现、讨论、拼搭等来获得相应的经验。此外，教师还要通过多种方式尊重幼儿在区角游戏中的自主选择，面对个别幼儿在选择区角游戏时出现的问题，教师还要有针对性地进行分析，引导幼儿进行选择，使得教师真正成为孩子游戏的观察者、支持者和引导者。

（一）材料的准备

《纲要》中指出："提供丰富的可操作的材料，为每个幼儿都能运用多种感官、多种方式进行探索提供活动的条件。"材料是幼儿开展区角游戏的重要物质基础，幼儿只有通过与材料的相互作用，才能获得相应的经验。所以，在开展区角游戏前，材料的准备是重要的一环。可是，材料的准备仅仅是教师根据活动的需要而准备的吗？其实不然，材料的准备还要充分尊重幼儿的主体性，幼儿常常也是材料准备的主人。

1. 教师的准备

教师在准备区角游戏材料时，一般从以下几个方面进行考虑。

首先，教师根据幼儿的发展特点、发展水平、主题活动开展的需要等来为幼儿准备相应的材料，在此要注重材料的层次性，使得不同发展水平的幼儿都能找到与内在发展水平相契合的材料，从而在原有发展水平的基础上获得发展。例如，在"设计园服"的游戏中，我们提供了两种不同层次的材料，层次一：服装的简笔画、水彩笔，幼儿可以设计花纹、颜色等；层次二：白纸、水彩笔、勾线笔，幼儿可以自由设计喜欢的衣服的外形、颜色、花纹等。只有当材料适宜于幼儿的发展特点和需要时，幼儿才会积极主动地与材料产生互动。

其次，教师要注重不同结构材料之间的组合，既要有高结构的材料，即幼儿按照一定的规则来进行操作；也要有低结构的材料，即幼儿能够根据自己的需要与材料进行互动。例如，在益智区，我们会提供棋类游戏，幼儿会通过掷骰子来决定走几步，以及遵守进、退、跳等规则；同时，我们也会提供可变的材料，例如小积木，幼儿可以根据自己的需要，随意搭建房屋、公园、小区等。

再次，教师不要一下子把所有的材料都投放进去，应分批不断更新，由易到难，不断吸引孩子主动参与游戏的兴趣。例如，在"编织小鱼"的游戏中，教师先给幼儿提供一种颜色的编织带，等幼儿熟悉编织方法后，再提供2~3种颜色的编织带，最后再加入更难、更具有挑战性的编织方法，这样有助于增强幼儿在游戏中的成就感。

最后，教师要随着幼儿兴趣的转移等不断调整材料。如果幼儿的发展水平已经提高了，教师提供的材料还是原来的，势必不能引发幼儿的兴趣，长此以往幼儿就会对区角游戏失去兴趣。所以，教师要不断观察幼儿的行为，以此来调整材料。例如，在"摇摇盒"游戏中投放了可以表示方向的骰子、瓶盖、双面纽扣等，在复习10以内的加减法时，我们提供给幼儿木珠、纽扣、圆形片、贝壳、干果等,让幼儿自选自用,根据选用物品的大小、颜色、形状等自编加减法题目,可是该游戏持续了一段时间后,就没有幼儿来选择了,所以我们又投放了"看谁赢得多"的游戏。

2. 幼儿参与准备

教师虽然掌握了幼儿各个年龄段发展的核心经验,能够据此提供游戏材料。但以教师一人之力提供的材料有时会有局限性,而幼儿是积极主动的学习者,不同幼儿具有不同的经验,所以,教师应充分发挥幼儿在材料准备中的主动性,而且幼儿在准备材料时常常也会启发教师的思路,更加有助于教师了解幼儿、发现幼儿的能力。例如,在"我和玄武湖公园"这一主题中,由于幼儿在玄武湖发现很多人在放风筝,幼儿也很想制作风筝,我们就通过共同观察风筝的结构,引导幼儿讨论制作风筝需要哪些材料,幼儿纷纷在班级的资源库、家中开始搜集可以利用的材料,然后开始制作,虽然幼儿之间使用了不一样的材料,但最后都设计出了自己喜欢的风筝。

(二)幼儿的选择

陈鹤琴先生说:"凡是儿童自己能做的,就让他自己做,凡是儿童自己能想的,就让他自己想,鼓励幼儿发展自己的世界。"所以,在游戏中,教师应充分调动幼儿的自主选择,鼓励幼儿根据自己的兴趣、需要、发展水平等来选择适宜于自己的游戏。但如果个别幼儿在自主选择游戏时面临问题,教师还需要引导幼儿选择适宜于自己的游戏。

1. 尊重幼儿的自主选择

幼儿是游戏的主人,幼儿最知道哪些游戏适宜于自己。所以,在游戏开始之前,我们根据幼儿的年龄特点尝试了多种方法供幼儿自主选择。例如,对5~6岁的幼儿,我们在班级中设立了一面游戏插牌墙,把每个游戏以照片的形式进行呈现,幼儿自己设计自己的游戏插牌,幼儿将自己的游戏插牌插在自己喜欢的游戏处;对于3~4岁的幼儿,由于该年龄段的幼儿还处于直观形象思维阶段,所以,我们将游戏内容摆放在桌子上,让幼儿看得见,然后请幼儿自主选择。

2. 引导幼儿选择

有些幼儿在面临这么多的游戏时,不知道该如何选择;有些幼儿在选择游戏时,一直选择同种游戏，而不愿意去尝试其他游戏。《纲要》中指出，"教师要成为幼儿活动的引导者"，所以此时，教师要通过观察幼儿的行为，了解幼儿每次的活动内容是否一致。例如，虽然这几次幼儿都选择了积木区，但是幼儿在积木区的行为是否都是一样的，即每次都搭同样的作品而没有任何变化，还是在每次搭建作品时都有新的经验体现；教师还要通过与幼儿交谈，了解幼儿行为背后的原因。在此基础上，教师做出判断，即该采取何种方式引导幼儿自主选择。同时，教师还要注意，此处的引导幼儿选择，并不是教师根据自己的观念强制幼儿去选择自己认为有益于幼儿发展的游戏，而是在尊重幼儿已有经验、兴趣等的基础上引导幼儿选择适宜于自己的游戏。

二、游戏中

在区角游戏开展的过程中，教师主要作为观察者来观察幼儿的行为，分析幼儿行为背后的原因、蕴含的发展水平，以便提供适宜的指导，做幼儿游戏的支持者、引导者和合作者。

（一）观察幼儿

在区角游戏开展的过程中，教师为什么要观察幼儿，为什么有目的地去看幼儿做了什么、说了什么、是否与同伴进行互动？这主要有以下两个原因：首先，观察是了解幼儿的基础。教师只有通过观察幼儿，才能了解幼儿在什么背景下产生的该行为，结合《指南》来分析该行为所蕴含的发展水平和发展契机，对幼儿有一个较为科学、全面的了解。其次，观察是为幼儿提供适宜指导的前提。教师只有在真正理解幼儿行为的基础上，才能决定是继续观察、等待还是提供适宜的指导，是通过与幼儿讨论他正在做的事情来引导幼儿自主思考还是通过提出一些开放性、启发性的问题来促进幼儿的思考。只有适宜的指导才能促进幼儿的发展，而在不了解幼儿行为基础上的指导是按照教师的想法进行的而不是从幼儿的角度出发的，是无法促进幼儿在原有水平上富有个性地发展的。

教师在观察幼儿的过程中，使用何种方式观察能全面、客观地了解幼儿呢？通过研究，我们设计了多个观察记录表对幼儿进行观察，有的观察记录表是对同一个区域不同幼儿的行为进行观察，以此来发现该区域材料的适宜性，例如班级科学区"制作时钟"的活动，教师通过持续不断地观察幼儿在该区中的行为，发现幼儿从起初制作钟面，到逐渐制作台钟、挂钟，还能画出钟的内部结构等，于是就收集了真实的钟，创设了钟的展示区，同时提供了卷纸筒、夹子等材料来支持幼儿做台钟的行为；有的观察记录表是对同一名幼儿的持续观察，以此对该幼儿有一个全面客观的了解，既而提供适宜的材料，来促进该幼儿在已有发展水平的基础上获得发展，例如通过持续观察，教师记录了该幼儿在区域中的行为，发现该幼儿经常在积木区游戏，喜欢搭建各种各样的建筑物，但是该幼儿不喜欢美工区的绘画活动，老师就借助该幼儿对积木区的热爱，启发引导该幼儿把在积木区搭建的建筑物进行表征。除了设计观察记录表，我们还使用便签条，在观察到幼儿的行为后，及时用简短的、客观的语言记录在便签条上，以便记录每名幼儿的发展契机，为幼儿的后续发展和区域材料的调整奠定了基础。

（二）指导幼儿

在区角游戏中，教师除了观察幼儿，还需要指导幼儿，但是何时指导、以何种方式指导，都是需要教师在对幼儿了解的基础上进行。通过研究，我们也总结了以下几种适宜的指导方法。

（1）显性指导与隐性指导。显性指导是指教师直接对幼儿的活动提出的指导，包括语言指导与动作示范，并以语言指导为主，动作示范为辅。当幼儿在区角游戏中，经过自己的努力仍然无法继续进行时，这时教师就应该提供语言指导，但是这种指导并不是教师直接告诉幼儿应该如何做，而是向幼儿提问、和幼儿讨论。问与答的方式，可以帮助幼儿感觉到自己正在做的事，还可以开启新的、不同的达成任务的可能性，以此促进幼儿的成长。[1]只有当教师对幼儿进行语言指导没有效果时，即幼儿仍然不知道如何做时，教师才可以适当地采取动作示范，同时结合语言指导，以便于幼儿能够克服困难，继续参与活动。隐性指导是指教师在区域活动设置时对材料的投放与环境的创设做出的

1.[美]黛安·翠斯特·道治, 劳拉·柯克, 凯特·海洛曼. 幼儿园创造性课程[M]. 吕素美, 译. 南京：南京师范大学出版社, 2006.

考虑。教师在设置区角游戏时，要根据幼儿的特点，提供层次多样的材料，使每一个幼儿都能获得发展。同时，教师还要考虑环境的创设，环境包括物理环境与心理环境，物理环境要能够刺激幼儿主动的学习，心理环境要能使幼儿体验到安全感，并在此基础上进行探索性的学习。

（2）个别指导与小组指导。个别指导是指教师根据个别幼儿的问题提出的有针对性的指导。在个别幼儿面对困难时，教师要悄悄地走到幼儿面前，对其进行指导，而不应该大声地在较远的地方就对幼儿说该如何做，这样会影响其他幼儿的活动。小组指导是指教师根据该区域活动中的每个幼儿都具有的问题进行的指导。教师通过语言指导和动作示范引导幼儿，使得活动能够顺利地开展，幼儿在此过程中也能获得发展。

其实，在实际指导的过程中，我们除了教师指导，还会充分利用同伴资源，让同伴来指导遇到问题的幼儿，正如维果茨基的"最近发展区"里所讲的，"成人和有能力的幼儿都可以成为幼儿发展的支架"。而且幼儿之间的发展水平相似、已有经验相似，在指导中，更容易让遇到问题的幼儿获得发展。

三、游戏后

在幼儿结束自主区角游戏后，并不意味着区角游戏的结束，也并不意味着幼儿获取经验的结束。区角游戏后的经验分享有助于幼儿反思已有经验，并获得新经验。同时，教师还要结合此次游戏中幼儿的行为对游戏材料进行调整。

（一）经验的分享

区角游戏后分享交流，是指幼儿结束自主区角游戏后，老师组织幼儿围坐在一起或分散在幼儿选择的活动区域内交流所做的游戏。首先，通过经验分享，教师可以及时了解幼儿现阶段的兴趣和发展水平，提供适宜的支持。例如，在游戏"拼拼画画"中，幼儿可以将不同的几何图形进行拼搭，根据自己的兴趣，将图案拓印下来，并进行涂色。在经验分享时，幼儿能够说出自己是如何玩的，有的幼儿甚至能很清楚地说出自己用了几个圆形、几个正方形等。对此，老师立即捕捉到幼儿的兴趣和能力发展需要，在和幼儿讨论后，设计出第二种玩法，增加记录单，对形状颜色进行统计，提升了游戏的趣味性和挑战性，增强了幼儿在游戏中的成就感。其次，通过经验分享，幼儿可以从同伴处获得新的经验。例如，在"装饰花瓶"的游戏中，沫沫发现如果把两种颜色的超轻粘土使劲拉，充分混合，就可以产生一种新的颜色；如果仅仅是用双手搓，两种颜色的超轻粘土都还会保持各自原来的颜色。在沫沫进行经验分享后，班级幼儿在装饰花瓶时就会有目的地采取搓、拉等的动作。最后，通过经验分享，幼儿还可以对自己的已有经验进行反思，从而获得新经验。例如，在"玩转笔筒"的游戏中，浩宇用薯片罐子、彩纸等做了立体的蝴蝶笔筒，使一些幼儿获得了制作立体笔筒的经验，也有幼儿提出蝴蝶翅膀是不对称的，在接下来的活动中，浩宇尝试了几种剪出对称翅膀的方法。

通过集体分享，同伴间的经验得到相互激发与互动，使得每名幼儿的经验都能在原有经验的基础上得到扩展。但经验分享并不是杂乱无章的，而是教师根据自己的观察，进行的有组织的经验分享。同时，经验分享也不是教师自己的一言堂，而是幼儿对自己游戏过程的回顾。

（二）跟进对环境的调整

一次区角游戏的结束，并不意味着区角游戏真正的结束，很多时候一次区角游戏的开展会带给教师调整环境的启发和思路。有时，我们并不能将幼儿的需要考虑周全，但是通过观察幼儿在游戏中的行为，我们就会越来越了解幼儿的需要，并及时对环境进行调整，以使环境更加适宜于幼儿的需要。例如，在"设计项链"的游戏中，起初教师只提供了不同形状和颜色的珠子、串项链的绳子，但是幼儿在设计项链后舍不得把自己的项链拆掉再放回盒子里，很想展览以及在玩角色游戏时用来装扮自己，在了解到幼儿的需要后，我们拉了一条纸绳，上面挂了一些小夹子，就可以满足幼儿展览自己作品的需要，同时在幼儿游戏时，也可以自主拿下来进行游戏。

区角游戏后的环节，需要我们思考的地方还有很多，需要我们不断研究和提升的地方也有很多。所有的这一切，只为了给幼儿创设一个他们需要的、适宜的游戏环境！

第二章 自由多元的班级区角游戏环境创设策略

第二章　自由多元的班级区角游戏环境创设策略

为了能够更好地顺应幼儿身心发展的规律，满足他们学习与发展的需要，我们根据《纲要》《指南》以及长期以来幼儿园实际的教育教学经验，在班级中规划了语言区、美工区、科学区、益智区、生活区、运动区六个活动区。在本章节中，我们将以这六个区为例，呈现我们在自由的区角游戏环境理念指引下所探索出的策略和方法。我们将分别介绍这六个区的环境创设策略，并提供一些较为成熟的活动案例，希望能够给读者提供一些借鉴和启示。

第一节　创设自由多元的区角游戏环境的实践经验

要创设自由的区角游戏环境，必须将自由的理念与区角游戏的特点相结合。正是基于这一理念，我园经过多年的实践，初步探索和总结出了一些创设自由的区角游戏环境的策略和方法。

一、合理规划班级环境，创设适宜幼儿进行区角游戏的环境

我们利用调查表（如表 2.1 和表 2.2）对每个班级环境进行调查，结合本班教师对幼儿操作时出现问题的分析，及时进行调整。在一次次的观察、讨论与调整中，我们总结出了以下几种方法：① 结合每个区角游戏的特性，合理划分空间，每个区角游戏的特性决定了我们对该区角游戏位置的设置。例如，语言区需要相对安静、光线较充足的空间，我们会把语言区放在班级中不容易受到打扰且光线充足的地方；再如，美工区的操

作区和作品展示区要相邻，方便幼儿及时把自己的作品进行展示。② 每个区角游戏要保持半开放半封闭的状态，这样既能保证每个区角游戏有相对独立的空间，免于受到外界的干扰，又有利于同伴之间的互动，促进同伴学习。③ 综合利用桌面、墙面、柜面、地面等多层次的空间，例如墙面可以展示作品和一些区角游戏的操作步骤图，地面可以用来进行建构、地面跳棋。④ 班级材料库的位置要方便在每个区角游戏中操作的幼儿进行取放，这样有利于提高材料库中材料使用的频率，扩展幼儿的行为。班级环境经过精心规划后，并不意味着从此就一成不变，随着幼儿兴趣的变化和主题活动的开展，我们也会对此略有调整。这样一来，我们规划的班级环境不是僵化和固定不变的，而是根据幼儿的兴趣和需要及时调整，顺应幼儿学习与发展的内在需要的。

表 2.1 "创设自由的区角游戏（班级整体）环境"调查表

内容	环境			内容	成长		
	现状图片及说明	反馈记录			反馈记录		
		教师	幼儿		教师	幼儿
班级整体				班级整体			

表 2.2 "创设自由的区角游戏（每个区角游戏）环境"调查表

区角与材料	区域名称	区域环境	材料提供	反馈记录		区角与材料	教师	幼儿

二、提供丰富适宜开放的材料，建立班级材料库

从根本上说，幼儿的发展就是在同包括物质材料在内的客观事物相互作用中实现的。[1] 因此，在区角游戏中，我们注重提供丰富适宜的材料，以使每一名幼儿都能找到与其内

---

1. 虞永平. 从物质环境中感知幼儿园课程文化[J]. 教育导刊（下半月），2008（7）.

在发展水平相契合的材料。区角游戏的材料不是投放一次就万事大吉了，还要根据幼儿的需要和活动的推进，及时充实和更换。例如，在科学区"制作时钟"的活动中，教师投放了制作钟面的材料，通过观察幼儿的操作，发现在一名幼儿制作了台钟后，其他幼儿也开始制作，教师就及时提供了卷纸筒等材料来支持幼儿探索如何制作台钟的兴趣。又如，美工区"装饰花瓶"的游戏在开展一段时间后，幼儿的兴趣逐渐降低，教师根据幼儿的兴趣和主题活动的开展及时生成了"玩转笔筒"的区角游戏。

但是，仅仅提供丰富适宜的材料就一定能促进幼儿的学习与发展吗？如果教师对每种材料的操作方法和玩法都进行了限制，那么这些材料诱发的就是幼儿进行"个别化的作业"，幼儿的自主性体现在哪里？教师"绞尽脑汁"想出的操作方法又是幼儿需要的吗？基于此，我们尝试在投放材料时，保持材料的开放性。

首先，材料的开放性体现在不对材料的玩法做任何规定。同时，利用"材料玩法"观察表来观察不同幼儿是如何使用同种材料的。结果我们发现，不同幼儿根据自己活动的需要对同一种材料采取了不同的操作方法，如彩色棒的玩法（如表 2.3 所示）。在没有对材料限定玩法时，每名幼儿都能按照自己的方式、在自己已有经验的基础上与材料互动，创造自己的"最近发展区"。

表 2.3 "彩色棒"的玩法

	材料（彩色棒）
玩法一	做扇子的支架
玩法二	做风筝的支架
玩法三	做圣诞树的树干
玩法四	打牌。颜色越浅，越小；颜色越深，越大。颜色深的彩色棒可以吃掉颜色浅的彩色棒
玩法五	把所有彩色棒撒在桌子上。任意抽彩色棒，在抽的时候不能碰到其他彩色棒。谁抽的最多，谁赢
……	

材料的开放性还体现在幼儿可以跨区使用材料。每个区角游戏的材料只是相对的划分，幼儿在有需要时，可以根据需要去选择其他区域的材料，这样就可以最大限度地免

除对于幼儿不必要的限制，最大限度地满足和支持幼儿自我引导、自我选择和自我主宰的需要。例如，在科学区"制作时钟"的活动中，幼儿选用了生活区的针线来固定指针，使指针固定后还能转动。试想，如果教师不允许幼儿跨区使用材料，幼儿会尝试用针线吗？教师不可能预料出每名幼儿的操作行为，为幼儿设想可能用到的所有材料，毕竟每名幼儿的已有经验不同，在遇到同样的问题时会尝试不同的方法来解决，而跨区使用材料能满足幼儿的这种需要。

除了提供丰富适宜开放的材料，还需要建立班级材料库。通过对同种材料的观察，我们发现非结构化的材料[1]放在固定的区域会限制幼儿使用该材料的方法，而材料库则能消除区域界限，给予幼儿更大的探索和使用该材料的空间。在研究中，我们采取了对比的方法，即将卷纸筒、薯片罐子、吸管、彩色棒等材料放在固定的区域和材料库，以观察幼儿与该材料的互动方式，如表2.4所示为卷纸筒投放在固定区域和材料库与幼儿的不同互动。

表2.4 同种材料在固定区域、材料库与幼儿的互动

	固定区域（积木区）	材料库
卷纸筒	建构	1. 建构 2. 做动物玩偶 3. 把一端堵起来做笔筒 4. 在尝试做台钟时，用来让钟面站起来 5. 用毛线有顺序地缠绕，做装饰 6. 做提线木偶 ……

三、采取多种方式促进同伴之间的互动，重视同伴学习

幼儿是在与周围环境相互作用的过程中建构经验的。年龄相同的幼儿在发展水平、已有经验、理解能力等多方面存在着较大的相似性，对事物也能产生共同理解和体验，

---

1. 非结构化材料指的是教师在投放时没有设定目标，也没有设计玩法的活动材料。——李季湄，冯晓霞．《3-6岁儿童学习与发展指南》解读[M]．北京：人民教育出版社，2015：251．

同伴之间的互动也能够满足幼儿被认同、被接纳以及共同体验等需求。而少了与同龄者的交往，对事物的共同体验就失去了可资比较的机会和协商的可能。[1]通过尝试，我们总结了以下几种方法来促进同伴之间的学习。

首先，我们给予幼儿同伴之间自主、自发、自然互动的机会与条件。幼儿在与同伴交流时，重新组织自己的已有经验，使得自己能被他人理解。例如，在生活区"缝手帕"活动中，凯凯想用纽扣装饰手帕，但不会缝纽扣，涵涵就帮助他，起初凯凯听不懂，涵涵想了想又换了一种方法，最后凯凯学会了；在此过程中，凯凯不仅获得了新经验，涵涵也重新组织了自己的已有经验。又如，在美工区"美丽的风筝"活动中，冰冰和艺艺通过相互交流、相互激发，获得了制作风筝支架的方法；在此过程中，两名幼儿共同建构了新经验。

其次，创设作品展示区，提供同伴之间观察与学习的机会。幼儿的学习不仅是通过自己的操作和探索获取经验，还通过观察获取经验。观察学习是幼儿重要的学习方式之一。通过观察作品，不仅能够让幼儿了解到同伴是如何操作的，也能提示他们，扩展他们的观点。例如，在科学区"种子标本"活动中，轩轩看到悠悠用种子做了一只小鸟，获得了"用种子可以做造型"的经验，在随后的活动中，轩轩用多种种子做了动物园的场景。

最后，重视区角游戏结束后的集体分享环节。此处的集体分享不是教师"一言堂"，对幼儿的行为进行"评头论足"，而是把主动权还给幼儿。幼儿可以自主介绍自己的作品，讲述自己在操作过程中遇到的问题，是如何解决的，等等。在幼儿介绍后，请其他幼儿来表达自己的困惑和想法，通过这种方式，不同幼儿的经验可以得到有效互动和扩展。例如，在美工区"玩转笔筒"活动中，浩宇用薯片罐子、彩纸等做了立体的蝴蝶笔筒，一些幼儿获得了制作立体笔筒的经验，也有幼儿提出蝴蝶翅膀是不对称的，在接下来的活动中，浩宇尝试了几种剪出对称翅膀的方法，有些幼儿尝试做出了不同造型的立体笔筒。通过集体分享，同伴间的经验得到相互激发与互动，使得每名幼儿的经验都能在原有经验的基础上得到扩展。

---

1. 华爱华. 幼儿园混龄教育与学前教育改革[J]. 学前教育研究，2005：8.

四、运用多种观察表，了解幼儿以及环境和材料的适宜性

《纲要》中指出："教师应做幼儿活动的支持者、引导者、合作者。"如何在区角游戏中更好地贯彻教师的角色来促进幼儿的发展？通过对教师们困惑的分析，我们采取了设计观察表的方法来帮助教师。在课题开展之初，我们更多地将精力放在创设的区角游戏环境是不是符合自由环境的特点，以此来调整现有的环境，以使我们创设的区角游戏环境是自由的，即在确立基本纪律的前提下，免除对幼儿不必要的限制和束缚，让幼儿享有自我引导、自主选择和自我主宰的权利。在此背景下，我们设计了"省一幼区角游戏观察记录表"（如表 2.5 所示）。

表 2.5　省一幼区角游戏观察记录表

班级：	记录人：		记录时间：
游戏名称：	所属区角：		游戏来源：
环境创设	说明		图像
材料提供			
幼儿操作情况记录			
幼儿姓名：	观察时间：		
幼儿行为表现	发展情况 活动有序　敢于尝试　解决问题 自发主动　有所创造　交往合作		参与情况 积极投入　愿意尝试 随意选择　缺乏兴趣
	情绪态度 兴奋　愉快　平静　低落		注意力 专注　愿意　偶尔注意　游离
	材料使用 单纯摆弄　熟练使用　加入想象		规则意识 能按规则收放材料 在指导下收放材料
	结束表现 意犹未尽　疲惫不堪　自发整理		
实录照片			
实录说明			
分析与调整			
环境创设	说明		图像
材料提供			

随着自由区角游戏环境的创设，我们的研究重点转向了"所创设的自由区角游戏环境是否促进了幼儿的自然成长"。因此，我们设计了《省一幼"十二五"课题幼儿观察记录表（区域组）》（如表2.6所示），通过对幼儿行为的记录，结合《指南》，来分析幼儿是否遵循3~6岁幼儿发展的自然规律和脉络进行发展，在此基础上再来反思我们创设的环境是否是自由的，同时对现有的环境做进一步的调整，以创设更加自由的区角游戏环境，使得身处其中的幼儿能够自然成长。

表2.6　省一幼"十二五"课题幼儿观察记录表（区域组）

观察时间					观察地点		
观察对象	姓名		性别	□男　□女	年龄	□3~4岁　□4~5岁　□5~6岁	
活动环节	□入园　□吃早点　□区域活动　□户外锻炼　□吃午餐　□散步　□睡前准备 □起身　□吃午点　□集体教学活动　□离园游戏　□角色游戏　□建构室活动　□其他						
观察内容							
对环境创设的描述							
对环境中规则的描述							
事件的实况详录							
分析							

五、开发主题背景下区角游戏案例，建立数字资源库

区角游戏环境能够最大限度地支持和满足幼儿通过直接感知、实际操作和亲身体验获取经验的需要。如何通过提供适宜的区角游戏案例来最大限度地来满足幼儿的这种需要？通过探索与尝试，我们开发了主题背景下区角游戏案例，建立数字资源库。

在开发主题背景下区角游戏案例时，我们成立了平行班组学习共同体。在开展主题活动时，每个班级的教师根据本班幼儿的兴趣和需要，创设适宜于本班幼儿的区角游戏。平行班组的教师相互观摩，分析区角游戏环境中还有哪些不自由的因素，或吸取该班在

创设自由区角游戏环境中做得好的方法。据此，本班教师综合平行班组教师的意见，进行反思、调整，并将所有的区角游戏案例汇集成文。在该主题活动开展结束后，向本组所有成员汇报，再次把大家的意见进行反思，在"区角游戏案例"中加上"对开展该主题的建议"。每学期末，我们将所有班级的区角游戏案例汇聚在一起，建立数字资源库，供本园教师共享。在利用已有主题背景下区角游戏案例时，由于每个班级幼儿的已有经验、兴趣和需要等的不同，我们还会进行不断地调整与修订，逐渐形成同一个主题背景下不同的区角游戏案例集，为更好地开发主题背景下区角游戏案例奠定良好的基础。

第二节 生活区环境创设策略和活动案例

一、生活区环境创设策略

独立是幼儿获得自由的基础。幼儿具备了基本的生活能力之后才能逐步走向自由。生活区的设置恰好能够满足幼儿的这种需要，该设置不仅能够让幼儿在操作的过程中获得基本的生活能力，还有助于幼儿养成良好的生活习惯，形成使其终身受益的生活能力和良好的生活方式，同时这也符合《指南》的精神。在创设生活区时，我们主要从以下几个方面来考虑。

首先，我们将生活区的内容划分为练习小肌肉的活动、自我服务的活动、照顾环境的活动。其中，自我服务的活动包括提高幼儿生活自理能力的活动，例如系鞋带、给娃娃穿衣服；制作食物的活动，例如泡果珍、拌黄瓜、做三明治。

其次，我们根据每种活动的需要，将其放置在方便幼儿操作的位置。例如，练习小肌肉的活动和提高幼儿生活自理能力的活动，我们将其放置材料的柜子和操作桌面紧邻，方便幼儿拿取材料后在桌面进行操作；再如，制作食物的活动，我们将其环境创设成小厨房的感觉，有利于对幼儿发出无声的邀请，使幼儿能够在真实的环境中尝试多种食物的制作，而且此处要靠近水池，方便幼儿自己洗食物和工具，还要有利于放置小碗柜，小碗柜里放置大小不同的盘子、塑料刀、打蛋器等工具以及麻油、盐、糖等调味材料，同时要有利于悬挂小围裙和放置垃圾桶等辅助材料，有助于幼儿养成良好的制作食物的习惯。

再次，我们注重提供食物制作步骤图，例如蒸鸡蛋步骤图、泡茶步骤图，这就为幼儿提供了发展的支架，使得幼儿能够通过观察步骤图，独立尝试，而这就避免了教师手把手教学可能导致的幼儿独立思考和独立探索的时间和空间的丧失问题。

最后，围绕《指南》中健康领域指出的发展幼儿的"手的动作灵活协调""具有基本的生活自理能力"等目标，我们不仅在生活区提供了制作食物的活动，例如，我们会结合一些节日，和幼儿共同探索制作节日食物（例如绿豆糕、月饼、粽子等）所需要的材料，以及如何制作，并和幼儿共同尝试制作节日食物，还根据幼儿的年龄特点，提供了各种类型的小肌肉操作材料，并创设游戏化的情景，避免枯燥生硬，例如，包装小能手、给娃娃叠衣服、首饰商店等。同时，我们还在生活区提供了抹布、海绵、牙刷、洒水壶、剪刀等材料，让幼儿能够尝试插花、擦叶子、擦窗户等活动，这就使得幼儿在照顾环境的过程中获得了成就感和满足感，并获得了对于整个教室环境的归属感和认同感。

二、生活区活动案例

活动1 香香的麦片

活动目标：尝试将麦片捣碎，培养耐心和良好的秩序性。

适宜年龄：2~3岁。

活动准备：

1. 经验准备：认识麦片、捣臼。

2. 材料准备：麦片、保鲜盒、捣臼、小勺、托盘（见图2-2-1）。

游戏玩法：

1. 打开长方形保鲜盒。
2. 用小勺取一勺麦片放入捣臼中。
3. 左手扶捣臼，右手用力将麦片捣碎。
4. 将捣碎的麦片倒入圆形保鲜盒中。
5. 将捣好的麦片喂给小动物吃，体验游戏带来的快乐。

图2-2-1

活动2 晾衣服

活动目标：尝试用双手拎着衣服的两端搭在绳子上，然后用小夹子夹好。

适宜年龄：2~3岁。

活动准备：

1. 两个拖把杆插在两个包好即时贴的油壶里（内装沙子），中间系上高度合适的绳子（见图2-2-2）。
2. 夏天薄衣物一筐、长夹子若干（见图2-2-3）。

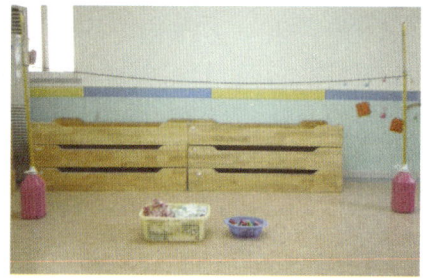

图2-2-2

图2-2-3

游戏玩法:

1. 在筐子里选择一件衣服。

2. 双手拎着衣服的两端搭在绳子上。

3. 选择一个夹子,将衣服夹在绳子上(见图 2-2-4)。

图 2-2-4

活动3 小动物找朋友

活动目标:能用夹子将贴有小动物标记的乒乓球夹到对应的动物位置上。

适宜年龄:2~3 岁。

活动准备:

1. 经验准备:认识常见的动物。

2. 材料准备(见图 2-2-5):

(1)贴有小动物贴画的乒乓球、巧克力盒子洞洞里也贴有相同动物标记。

(2)装乒乓球的大碗一个、镊子 2 个。

图 2-2-5

游戏玩法:

1. 将夹子的开口朝下握夹子。

2. 用夹子夹住乒乓球。

3. 将乒乓球摆放在盒子的洞洞里。

活动 4　甜甜的大苹果

活动目标：能用美工钉沿着苹果轮廓线一下一下刺在砧板上，锻炼手眼协调能力。

适宜年龄：2~3 岁。

活动准备：

1. 经验准备：认识美工钉，掌握正确取钉子的方法。
2. 材料准备：苹果图片、美工钉、砧板、小碗、托盘（见图 2-2-6）。

图 2-2-6

游戏玩法：

1. 用右手小心地将美工钉捏起，紧紧捏住。
2. 将美工钉戳在苹果的轮廓线上。
3. 再用大拇指按下。
4. 再次取出美工钉，戳在苹果的轮廓线上。
5. 依次将所有美工钉全部钉在苹果的轮廓线上。

活动 5　柳树姑娘

活动目标：尝试将毛根穿进小洞，并将两边毛根扭在一起。

适宜年龄：3~4 岁。

活动准备：

1. 经验准备：会用毛根穿进小洞。

2. 材料准备（见图2-2-7）：

（1）自制柳树（两个酸奶盒黏成树干，上面插上没有柳条的柳树图片，树枝部位打了若干小洞）。

（2）深浅不同的绿色毛根若干。

图2-2-7

游戏玩法：

1. 左手扶着"柳树"，让其直立在桌上，右手取一根毛根。

2. 将毛根从"树枝"中间的小洞穿进去，穿到毛根伸出一半的位置时将其向下折，一直折到毛根的两端并齐。

3. 一手同时捏住两边毛根的上端，一手按同方向将两边毛根扭在一起，尽量扭紧不留缝隙。

4. 按同样方法完成其余的"柳条"。

活动建议：

游戏进行一段时间后，可增加难度，增添插在瓶上的树枝（树枝上拴有若干线圈），幼儿将毛根穿进树枝上的小线圈里，然后再按上面的步骤进行操作（见图2-2-8）。

图2-2-8

活动 6　给动物取取暖

活动目标：练习绕的动作，发展手部动作的灵活性。

适宜年龄：3~4 岁。

活动准备：

1. 经验准备：认识常见的动物；知道天气冷了要戴围巾、穿毛衣。
2. 材料准备：各色长短、粗细不同的毛线线段（不能太长）、剪好的动物纸板（见图 2-2-9）。

图 2-2-9

游戏玩法：

1. 选择喜欢的毛线段给长颈鹿绕出围巾（见图 2-2-10）。
2. 给较粗短的小动物身体绕上毛衣。

活动建议：

毛线段不要太长，便于幼儿操作，同时可更换颜色。

图 2-2-10

活动 7　装扮树枝

活动目标：练习顺着一个方向绕的动作，将毛线绕紧，包裹住树枝。

适宜年龄：3~4 岁。

活动准备：

1. 经验准备：幼儿绕过纸绳。
2. 材料准备：毛线、树枝（见图 2-2-11）。

图 2-2-11

游戏玩法：

1. 取好线头，将线头绕在树枝的顶端。
2. 一手握好树枝，一手抓好毛线顺着一个方向绕毛线。
3. 用剪刀剪断毛线，可换颜色。
4. 重复绕的动作，直到将树枝绕满（见图 2-2-12）。

图 2-2-12

活动建议：

可根据幼儿的能力调整树枝的长度。

活动 8　动物的好朋友

活动目标：练习按的动作，能将扣子扣到相匹配的图案上。

适宜年龄：3~4 岁。

活动准备：

1. 经验准备：了解不同动物喜欢吃的食物。

2. 材料准备：不织布做的底板、按扣（见图 2-2-13）。

游戏玩法：

1. 取出一根带有按扣的布条。

2. 将按扣对准第一个动物旁的洞眼，用力按下去。

3. 拿着另一头按扣，将其按进相匹配的食物旁洞眼。

4. 依次操作（见图 2-2-14）。

图 2-2-13

活动 9　夹硬币

活动目标：

1. 练习夹的动作。

2. 将硬币塞入瓶缝中，提高手眼协调能力。

适宜年龄：3~4 岁。

活动准备：

1. 经验准备：幼儿夹过纸球。

2. 材料准备：硬币、镊子、废旧存钱罐（见

图 2-2-14

图 2-2-15）。

游戏玩法：

1. 用镊子从箩筐里夹出一枚硬币。
2. 将硬币对准瓶子的缝隙，将硬币放入。
3. 依此进行，直到将硬币夹完。

图 2-2-15

活动 10　晒一晒 叠一叠

活动目标：初步掌握对折、夹的动作，发展手部力量和生活自理能力。

适宜年龄：3~4 岁。

活动准备：

1. 经验准备：5 以内数量的感知；认识常用的衣裤；饭后经常使用小毛巾擦嘴。
2. 材料准备（见图 2-2-16）：

（1）常用的小毛巾。

（2）木夹子、塑料夹子、环形夹子等，夹子上贴有 5 以内点卡。

（3）自制带有点卡的衣服。

（4）拉好的晾衣绳子一根。

图 2-2-16

游戏玩法：

1. 学习用边对边的方法，折叠毛巾。

2. 看夹子上点子数量，寻找相同点子数量的衣服，并把它夹在绳子上晾起来。

活动建议：

幼儿可以尝试使用不同材质、大小、松紧程度的夹子进行游戏。

活动 11　快乐洗一洗

活动目标：学习搓洗袜子、毛巾的方法，体验自我服务的乐趣。

适宜年龄：4~5 岁。

活动准备：

1. 经验准备：会搓洗的动作。
2. 材料准备（见图 2-2-17）：

（1）一盆较干净的小袜子、小毛巾。

（2）一盆肥皂水、一盆清水。

（3）晾衣架。

图 2-2-17

游戏玩法：

1. 从盆里任取一只袜子。
2. 在肥皂水盆里把两面都搓洗几下，之后拧到不滴水。

3. 放进清水盆里搓洗,直至袜子上没有肥皂沫(见图2-2-18)。

4. 用力拧干后夹在晾衣架上。

5. 用以上方法将盆里的袜子、毛巾都洗干净晾起来。

活动建议:

在幼儿熟悉搓洗的方法后,可提供染上颜料的袜子和毛巾及一小块肥皂,让幼儿尝试擦肥皂搓洗。

图 2-2-18

活动 12　整理文具

活动目标:能根据文具的大小进行分类整理。

适宜年龄:4~5 岁。

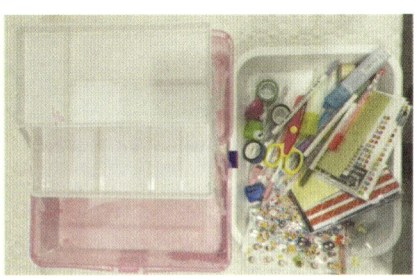

图 2-2-19

活动准备:

整理盒、大小不同的文具(见图2-2-19)。

游戏玩法:

1. 将盒子里的文具全部倒在大托盘里。

2. 观察文具的种类和大小。

3. 将文具按种类分类放在大小相适应的格子里(图2-2-20)。

图 2-2-20

第二章　自由多元的班级区角游戏环境创设策略

活动建议：

也可以从托盘中一件件随意拿取摆放，在摆放的过程中进行分类。

活动 13　包装小能手

活动目标：尝试使用皮筋、纸绳和彩带等对物品进行包装。

适宜年龄：4~5 岁。

活动准备：

1. 经验准备：初步会系蝴蝶结。

2. 材料准备（见图 2-2-21）：

（1）各种各样的牙膏盒。

（2）铅笔、勾线笔若干。

（3）纸绳、彩带，皮筋。

（4）1—10 的数字卡片（包含相应数量的点）。

图 2-2-21

游戏玩法：

1. 幼儿任意选择牙膏盒、铅笔或者勾线笔。

2. 幼儿确定选择东西的数量后，拿相应的数字卡片放在旁边。

3. 幼儿自主选择纸绳、彩带或者皮筋对选择的物品进行包装（见图 2-2-22）。

图 2-2-22

活动 14　水果沙拉

活动目标:

1. 尝试使用各种水果制作好吃的水果沙拉。

2. 进一步掌握正确切水果的方法。

适宜年龄: 4~5 岁。

活动准备:

1. 经验准备: 幼儿使用过塑料小刀。

2. 材料准备（见图 2-2-23）:

（1）各种水果若干、沙拉酱一瓶。

（2）塑料小刀、盘子、碗、刀叉、围裙。

图 2-2-23

游戏玩法:

1. 操作前，幼儿带上围裙，清洗双手。

2. 使用小刀将需要的水果切成若干份。

3. 将切好的水果放在碗中，倒入沙拉酱进行搅拌。

4. 水果沙拉制作好后与同伴进行分享。

活动建议:

可在幼儿熟悉使用小刀后，提供种类更加丰富的水果。

活动 15　蒸鸡蛋

活动目标：练习打鸡蛋的动作，按照步骤尝试做蒸鸡蛋。

适宜年龄：4~5 岁。

图 2-2-24

活动准备：

1. 经验准备：认识工具和调味品。
2. 材料准备：

（1）新鲜鸡蛋（见图 2-2-24）。

（2）勺子、打蛋器、碗、抹布（见图 2-2-25）。

（3）调料、微波炉等（见图 2-2-26）。

图 2-2-25

游戏玩法：

1. 从冰箱里取出鸡蛋，将鸡蛋打在碗里（见图 2-2-27）。

2. 用打蛋器开始打鸡蛋，直到蛋黄、蛋清打匀（见图 2-2-28）。

3. 加水加调料后继续搅拌（见图 2-2-29）。

4. 将搅拌均匀的鸡蛋液放进微波炉（见图 2-2-30）。

5. 将火力开到中火（黄色标签处），时间定在 5 分钟（黄色标签处）（见图 2-2-31）。

图 2-2-26

图 2-2-27

图 2-2-28

图 2-2-29

图 2-2-30

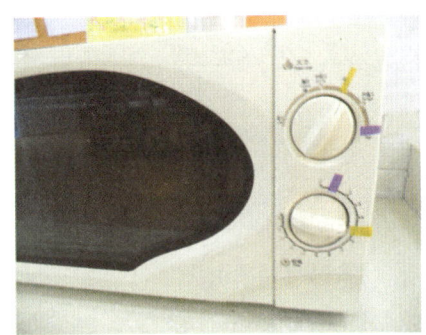
图 2-2-31

活动 16　绕毛线

活动目标：进一步巩固按照一个方向绕毛线的方法，发展双手的协调性。

适宜年龄：5~6 岁。

活动准备：

废旧圆盘、剪刀、纸篓、毛线（见图 2-2-32、图 2-2-33）。

图 2-2-32

游戏玩法：

1. 将圆盘边缘剪出若干三角形缺口。

2. 将剪下的废纸放进纸篓里。

3. 用毛线沿三角缺口上下对应绕起来（见图2-2-34）。

图 2-2-33

活动 17　毛线风筝

活动目标：能够一上一下有顺序地绕毛线，做出漂亮的毛线风筝。

适宜年龄：5~6 岁。

活动准备：

1. 经验准备：幼儿已经会将两根毛线系在一起。

图 2-2-34

2. 材料准备（见图 2-2-35）：

（1）各色毛线。

（2）废旧水彩笔、废旧筷子。

（3）教师事先绑好的十字形的水彩笔或筷子。

游戏玩法：

层次一：

1. 选择教师事先绑好的十字形的水彩笔或筷子。

图 2-2-35

2. 把毛线的一端固定在选好的十字形水彩笔或筷子上。

3. 按照一上一下有顺序地绕毛线。

层次二：

1. 选择两根水彩笔或筷子，用毛线将其固定成十字形。

2. 把毛线的一端固定在十字形的水彩笔或筷子上。

3. 按照一上一下有顺序地绕毛线。

活动建议：

幼儿可以根据自己的喜好更换其他颜色（见图 2-2-36）。

图 2-2-36

活动 18　编鸭蛋网

活动目标：掌握打结的方法，能够有序地将相邻的两根彩绳打结，编织鸭蛋网。

适宜年龄：5~6 岁。

活动准备：

1. 经验准备：参与收集鸭蛋网以及彩绳。

2. 材料准备：

（1）多种颜色的彩绳，教师事先打好鸭蛋网的第一层结。

（2）薯片罐子、圆柱体的积木（其大小应适合放在薯片罐子里）。

游戏玩法：

层次一：

1. 幼儿选择教师事先打好鸭蛋网第一层结的材料。

2. 幼儿有序地将相邻的两根彩绳进行打结，编织鸭蛋网（见图 2-2-37）。

层次二：

1. 幼儿选择 6 根彩绳，把每根彩绳都进行对折。

2. 幼儿将对折的每根彩绳都进行打结。

3. 幼儿再选择一根彩绳，将打好结的 6 根彩绳串在刚选择的这根彩绳上，并将其系在薯片罐子上。

4. 幼儿有序地将相邻的两根彩绳进行打结，编织鸭蛋网。

图 2-2-37

活动 19　筛种子

活动目标：尝试用带小洞的塑料筐舀出面粉与种子混合物，并将面粉筛净。

适宜年龄：5~6 岁。

活动准备：

1. 经验准备：会点数实物数量，并用数

字记录。

2. 材料准备：

（1）一盆面粉与种子的混合物、带小洞眼的塑料小筐、有分类格的盒子（见图2-2-38）。

（2）抹布、笔、记录表（见图2-2-39）。

图 2-2-38

游戏玩法：

1. 用小筐从盆里舀出半筐面粉与种子的混合物。

2. 两手握住小筐并悬在盆的上方不远处。

3. 尝试用双手颠筐、左右来回晃动小筐或一手拍小筐侧面的方法，将筐中的面粉筛净。

4. 从小筐中挑出一种类别的种子，放进有分类格的盒子其中一格里。

5. 点数种子的数量，并在记录表中该种子的图片下方用数字记录（见图2-2-40）。

6. 依次挑出每种种子，分别摆放在盒子的不同格子里，并一一记录数量。

7. 操作结束后，用抹布将桌面清理干净。

图 2-2-39

图 2-2-40

活动 20　做蛋糕

活动目标：学习按照步骤制作纸杯蛋糕，并加入剥好的坚果。

适宜年龄：5~6 岁。

活动准备：

1. 经验准备：会剥瓜子、松子等坚果。

2. 材料准备（见图2-2-41）：

（1）纸杯蛋糕制作材料、生鸡蛋。

（2）混装着瓜子、花生、松子的保鲜盒。

（3）空的小碗、小盘子、塑料小叉子。

图2-2-41

游戏玩法：

1. 把手洗干净。

2. 打开装着坚果的保鲜盒，取出一种坚果，尝试剥开果壳取出果仁，并将果仁放进小碗、壳子放进小盘子（见图2-2-42）。

3. 一一剥坚果，根据喜好决定数量。

4. 打开纸杯蛋糕盖子，撕开装着蛋糕粉的袋子，将蛋糕粉倒进纸杯。

5. 取一个生鸡蛋，在桌上磕开小缝后，立即移动到纸杯口，将鸡蛋裂缝朝下，扒开蛋壳让蛋心落进纸杯。

图2-2-42

6. 将剥好的坚果仁倒进纸杯，用小叉将果仁、蛋心与蛋糕粉搅拌搅匀（见图2-2-43）。

7. 搅好后盖上纸杯盖（不要太紧），将纸杯放进微波炉。

8. 请老师帮忙按照纸杯上规定的时间，转动微波炉的时间旋钮。

9. 取出做好的蛋糕与同伴分享。

图2-2-43

第三节　语言区环境创设策略和活动案例

一、语言区环境创设策略

《指南》中指出，语言是交流和思维的工具。幼儿期是语言发展，特别是口语发展的重要时期，所以，对于这个年龄段的幼儿而言，集体形式的语言活动并不能完全满足他们表达和倾听、阅读和理解的需要。为了顺应幼儿学习与发展的需要，我们在班级中设立了语言区。在语言区中，幼儿可以看图书、听故事、仿编儿歌，通过绘画的方法来创编属于自己的图书、表演故事、和同伴一起讲述故事……这些活动不仅发展了幼儿的语言能力，还发展了他们的想象力，以及与人交往的能力。在创设语言区后，我们又不断地观察幼儿在语言区中的行为，并反思环境中存在的问题，然后再进行进一步调整。通过不断的反思与调整，我们总结出了一些创设自由的语言区环境的方法。

首先，我们将语言区设立在光线比较充足的地方，最好是靠窗，方便自然光的进入。自然光的使用对幼儿的视力发展具有重要的作用。

其次，我们在语言区投放了丰富适宜的材料。图书是语言区的一个重要材料，因此我们投放了开放性的书架，将所有书正面朝上陈列，这不仅有助于向幼儿发出无声的邀请，还有助于幼儿了解语言区有哪些图书。除了与本班幼儿通过日常谈话来了解幼儿感兴趣的书籍，将这些书籍投放到语言区，我们还会跟随幼儿的兴趣和主题活动的开展不断更替和充实新的图书，做到图书种类丰富，具有层次性。例如，为低年龄段的幼儿提供画面较大、文字较少、故事情节较简单的图书，为高年龄段的幼儿提供情节较为复杂、有关动物和自然的图书。我们还根据幼儿的年龄特点提供柔软的靠垫、毛绒玩具、地毯等能带给幼儿安全感和舒适感的材料。同时，我们还在语言区投放了一些特有材料，例如，手偶、木偶有助于幼儿在情景化的环境中进行表达与交流；又如，录音机、耳机和播放器有助于幼儿自主倾听自己感兴趣的故事和录下自己编的故事；再如，根据幼儿感兴趣的书籍制作的一些道具和准备的服装，有助于幼儿表演故事。此外，我们还投放了一些有助于幼儿开展各项活动的辅助材料，例如，修补图书所需要的剪刀、胶带、双面胶等，自制图书所需要的勾线笔、水彩笔、白纸等。

再次，根据《指南》中提出的语言领域的两大目标——倾听与表达，阅读与书写准备，我们设计了相应类型的活动。为了达成"倾听与表达"的目标，我们设计了两种类型的活动：一是幼儿听录音故事、听同伴表达等活动，来发展幼儿"认真听并能听懂常用语言"的能力；二是手偶游戏、使用录音机录自己编的故事、图夹文的儿歌阅读、摆图片讲故事、故事表演、与同伴打电话等活动，来发展幼儿"愿意讲话并能清楚地表达"的能力。为了达成"阅读与书写准备"的目标，我们设计了不同类型的阅读图书活动，例如，幼儿自主阅读、同伴阅读、分享阅读、教师指导阅读等，来发展幼儿"喜欢听故事、看图书"，"具有初步的阅读理解能力"等能力；同时，我们还设计了自制小书、仿编儿童诗、创编故事、制作标志、制作表演海报、汉字变变变等的活动来发展幼儿"具有书面表达的愿望和初步技能"。另外，书籍是语言区最主要的材料，为了发展幼儿良好的爱护图书的习惯，我们还根据幼儿的年龄特点设计了修补图书的活动，例如，3~5岁的幼儿可以使用胶带、双面胶来修补破损的书页，5~6岁的幼儿还可以使用订书机、针线等来修补散开的书籍。

最后，语言区的创设要注重适宜性和丰富性，来增加语言区的趣味性。一些教师在创设语言区时仅提供一些书籍，使得语言区的材料单一、活动类型单一、流于形式，幼儿也不感兴趣。所以，我们在创设语言区时，根据幼儿的年龄特点，设计适宜的丰富的活动。例如，3~4岁的幼儿处于具体形象思维阶段，而且正值口语发展的高峰期，所以，我们设计利用各种人偶表演的儿歌，使得幼儿在情境化的场景中，发展语言表达能力；又如，3~6岁的幼儿主要通过操作获得直接经验，所以，我们设计了不同类型的桌面操作型的语言活动；再如，游戏是幼儿的基本活动，所以我们把故事表演等内容融进语言区。总之，语言区的活动类型要丰富，且符合幼儿的发展特点，才能真正使得幼儿在语言区获得语言能力的发展。

在开展语言区活动的过程中，教师要定期检查，并根据幼儿的需要和活动的开展不断更替和补充材料，从而让幼儿感受到语言区是一个干净整洁、温馨舒适的地方。教师还需要在语言区营造一个接纳和认可的心理环境，满足幼儿自主阅读、结伴阅读、分享、表达、表演、创造等的需要。

二、语言区活动案例

活动1 听听谁来了

活动目标:

1. 能根据听到的动物的叫声,说一说动物的名称。
2. 能在图书中找到对应的动物。
3. 能够和同伴一起玩手偶,感受游戏的快乐。

适宜年龄:2~3岁。

活动准备:

1. 经验准备:知道一些动物的名字,如小鸡、小鸭、小猫、小狗等。
2. 材料准备:动物手偶、动物图书。

游戏玩法:

1. 老师模仿动物的叫声,"汪汪汪,喵喵喵,叽叽叽,嘎嘎嘎……"。
2. 幼儿模仿动物的叫声。
3. 幼儿戴上手偶,边挥动手偶边模仿动物的叫声,"汪汪汪,喵喵喵,叽叽叽,嘎嘎嘎……"。
4. 教师:请小朋友们说一说,这是谁的声音啊?
5. 老师翻开动物图书,请小朋友们找一找,小动物们在哪里(见图2-3-1)。

图2-3-1

6. 请小朋友们自己翻看动物图书，戴上手偶模仿小动物的叫声（见图2-3-2）。

活动2 听说游戏"春风"

活动目标：能将听到的儿歌中的角色找出来，自己摆一摆、说一说。

适宜年龄：2~3岁。

图2-3-2

活动准备：

1. 手指小动物几个，桃花、柳树、青蛙、蝴蝶、小雨等图片各一张，故事盒一个（见图2-3-3），春天的背景图一张。

2. 播放媒体一个、已经录好的可循环播放的儿歌。

图2-3-3

游戏玩法：

1. 先打开故事盒。

2. 播放录好的可循环播放的儿歌。

3. 边听边在提供的图片和手指动物里找出听到的角色（见图2-3-4）。

图2-3-4

4. 运用自己找到的手指动物和图片，跟着录音摆一摆、说一说（见图2-3-5、图2-3-6）。

附：儿歌《春风》

春天到了，春风轻轻地吹。

吹绿了柳树，吹红了桃花。

吹来了蝴蝶、吹醒了青蛙。

吹得小雨沙沙下，小朋友们去种瓜。

图2-3-5

活动3 手指游戏"小小鸟"

活动目标：通过玩手指游戏，理解、表达和仿编儿歌的内容。

适宜年龄：3~4岁。

活动准备：

1. 经验准备：会念《小小鸟》的儿歌。

2. 材料准备：泡沫纸及小动物图片制成的手指偶若干对（见图2-3-7）。

图2-3-6

游戏玩法：

1. 依次将小鸟的手指偶套在双手同样的手指上。

2. 边念儿歌边演示指偶。

图2-3-7

3. 取下小鸟指偶，换一对其他动物的指偶套在手指上。

4. 尝试根据儿歌中的内容，改变儿歌中动物的名称进行仿编并朗诵，边朗诵边演示手偶（见图2-3-8）。

图2-3-8

活动建议：

1. 可根据自己的意愿选择指偶进行朗诵与演示。

2. 可将动物指偶制作成其他类型的指偶（例如，植物、食物等），供幼儿进行仿编活动。

附：儿歌《小小鸟》

一只小小鸟，

两只小小鸟，

见面点点头，点点头，

你亲亲我，我亲亲你，

碰一碰，碰一碰，飞走了。

活动4　故事讲述《小兔子找太阳》

活动目标：能边摆放图片边讲述故事，喜爱讲故事，发展口头表达能力。

适宜年龄：3~4岁。

活动准备：

1. 经验准备：基本熟悉故事《小兔子找太阳》的内容。

2. 材料准备：故事角色图片以及故事情节背景图（见图2-3-9）。

图2-3-9

游戏玩法：

1. 按照故事开头的内容，找出相关背景图片和角色图片。

2. 边讲故事边按照情节内容，将角色、物品卡片摆放在背景图的相关位置上（见图2-3-10）。

3. 在讲故事过程中，根据内容边讲边更换背景图及角色、物品的图片。

4. 当记不清楚故事内容或角色出场顺序时，可将图片反过来，看看上面的数字编号，然后根据编号顺序确定自己讲述与摆放的是否正确。

图2-3-10

活动建议：

1. 可提供其他背景图和物品图片，让幼儿尝试改编故事。

2. 还可以提供其他故事图片，供幼儿讲述。

附：故事《小兔子找太阳》

有一只可爱的小兔子，听说太阳是红红

的、圆圆的，便要去找太阳。

它来到屋子里，指着两盏红红的、圆圆的灯笼问妈妈："妈妈，这是太阳吗？"妈妈说："不，这是两盏红灯笼，太阳在屋子外呢！"

小兔子来到菜园里，看见三个红红的、圆圆的萝卜，问："妈妈，这是太阳吗？"妈妈说："不，这是三个红萝卜，太阳在天上呢！"

小兔子抬起头，看见天上飘着红红的、圆圆的大气球，问："妈妈，这是太阳吗？"妈妈说："不，这是气球……"

真急人，太阳到底在哪里呀？

妈妈说："瞧，太阳只有一个，还会发光呢！"小兔子顺着妈妈的手指处，仰起了头，大声叫："妈妈，我找到了，太阳是红红的、圆圆的、亮亮的，照在身上暖洋洋的。"

活动 5　"春天的花"图文配对

活动目标：通过将"春天的花"图片与文字配对，来认识春天的花卉。

适宜年龄：3~4 岁。

活动准备：

1. 经验准备：已认识一些春天常见的花。
2. 材料准备：各种春天的花的图片、文字，以及图夹文卡片。

游戏玩法：

1. 任意取出一张图夹文卡片摆放在桌上。

2. 从托盘中找到与图夹文卡片上一样的花的图片，对应摆放在图夹文卡片印着的花的位置的下方。

3. 找出与图夹文卡片上一样的文字卡片，摆放在图夹文卡片印着的文字位置的下方。

4. 试着说一说："这是××花。"

5. 按照上述方法，依次将所有花的卡片都摆放完（见图2-3-11）。

图 2-3-11

活动建议：

1. 可提供具有春天特征的其他类别物品图片与文字卡，供幼儿进行配对与讲述。

2. 还可提供具有其他季节特征的植物图片与文字卡，供幼儿进行配对与讲述。

活动 6　儿歌讲述《春雨》

活动目标：通过图文配对，加深对儿歌的记忆与理解，练习讲述。

适宜年龄：3~4岁。

活动准备：

1. 经验准备：初步学习过儿歌《春雨》。

2. 材料准备：

（1）儿歌《春雨》图夹文卡片、文字卡片、儿歌中角色小卡片（见图2-3-12）。

（2）文字卡片（用于摆放在图片的空格处）（见图2-3-13）。

图2-3-12

游戏玩法：

1. 将儿歌图夹文卡片与文字卡片并排摆放。

2. 根据图夹文卡片上的儿歌内容，以及每句上的小卡片，找出同样的角色卡片，摆放在文字卡片的相应文字上方。

3. 摆好后念一念这一句。

4. 按照以上步骤，将儿歌全部念完，卡片全部摆完。

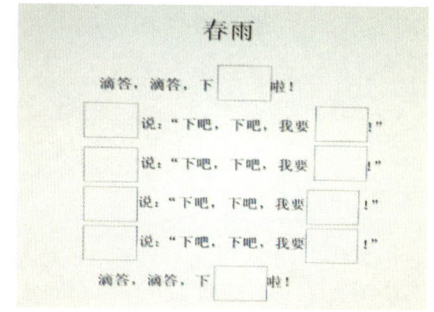

图2-3-13

活动建议：

1. 可尝试边念儿歌，边将角色小卡片摆放在文字卡片的空格处。

2. 还可提供其他儿歌的图文卡片，让幼儿边摆放边讲述。

附：儿歌《春雨》

滴答，滴答，下小雨啦！

种子说："下吧，下吧，我要发芽！"

梨树说："下吧，下吧，我要开花！"

麦苗说："下吧，下吧，我要长大！"

小朋友说:"下吧,下吧,我要种瓜!"

滴答,滴答,下小雨啦!

活动 7 故事表演"谁咬了我的大饼"

活动目标:在熟悉故事的情况下,根据录音进行表演。

适宜年龄:3~4 岁。

活动准备:

1. 经验准备:幼儿已熟悉绘本《谁咬了我的大饼》。

2. 材料准备:

(1)绘本故事录音。

(2)各种动物服装。

(3)大树、小花等场景若干(见图 2-3-14)。

图 2-3-14

游戏玩法:

1. 幼儿自由选择想扮演的小动物并穿上服装。

2. 播放故事录音。

3. 幼儿根据故事录音进行表演。

4. 结束后将道具、服装摆放回原位。

活动建议：

一轮演出结束后，幼儿可以自由更换角色再次进行演出。

活动8　制作小书《秋天的画报》

活动目标：能根据诗歌或仿编的内容制作小书，并逐页讲述。

适宜年龄：4~5岁。

活动准备：

1. 经验准备：初步熟悉诗歌《秋天的画报》的内容。

2. 材料准备：

（1）已剪好的与诗歌内容相关的图片（见图2-3-15）。

图2-3-15

（2）6页的空白小书、剪刀、胶棒、彩笔（见图2-3-16、图2-3-17）。

图2-3-16

游戏玩法：

1. 先按自己的意愿选取一种页码的空白小书。

2. 再选择一种自己喜爱的小书的名称，贴在小书第一页，作为封面。

3. 根据诗歌内容，依次选取相关图片，按照一句一页的方式，一一粘贴在小书每页上。

图2-3-17

4. 也可按照自己的意愿，用贴与绘画相结合的形式来制作。

5. 制作好后，从小书第一页开始，完整地讲述内容。

活动建议：

还可提供页数更多的空白小书，以及整张的诗歌内容图片和诗歌内容以外的秋天果实的图片，供幼儿在制作时选择，进行剪贴和仿编（见图2-3-18）。

图2-3-18

附：诗歌《秋天的画报》

黄澄澄的香蕉，

红通通的苹果，

金灿灿的桔子，

紫溜溜的葡萄。

风娃娃钻进了果园，

在翻着——

彩色的画报。

活动9　十二生肖

活动目标：借助动物模型，尝试点读儿歌。

适宜年龄：4~5岁。

活动准备：

1. 经验准备：会念十二生肖的儿歌。

2. 材料准备：儿歌底板、动物模型（见图2-3-19）。

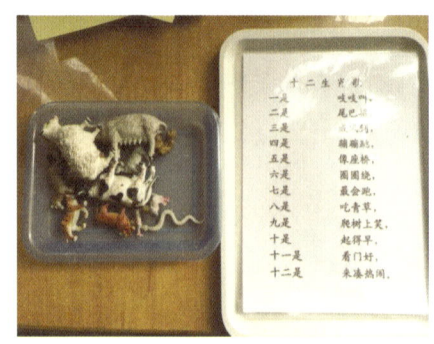

图2-3-19

游戏玩法：

1. 用手点读儿歌标题。

2. 取出老鼠模型摆在底板的空格处。

3. 摆好后完整点读儿歌"一是老鼠吱吱叫"。

4. 以此方法挨个摆放动物模型，并完整地读出儿歌。

活动建议：

可以和同伴一起讲述。

附：儿歌《十二生肖歌》

一是老鼠吱吱叫，二是牛儿尾巴摇，

三是老虎威风到，四是兔子蹦蹦跳，

五是大龙像座桥，六是小蛇圈圈绕，

七是马儿最会跑，八是羊儿吃青草，

九是猴爬树上笑，十是公鸡起得早，

十一是狗看门好，十二是猪来凑热闹。

活动10　儿歌配对《数一数》

活动目标：借助儿歌内容，将相应的图片和影子配对，并念出儿歌。

适宜年龄：4~5岁。

活动准备：

1. 经验准备：已学过儿歌《数一数》。

2. 材料准备：与儿歌内容相应的底图，以及对应的影子图片（见图2-3-20）。

游戏玩法：

1. 幼儿根据影子的形状在盒子里找到相应的图片（见图2-3-21）。

2. 幼儿将所有的图片放到对应的影子后，念儿歌。

附：儿歌《数一数》

山上一只虎，

林中一只鹿，

路边一只猪，

草里一只兔，

洞里一只鼠。

数一数，

1、2、3、4、5，

虎、鹿、猪、兔、鼠。

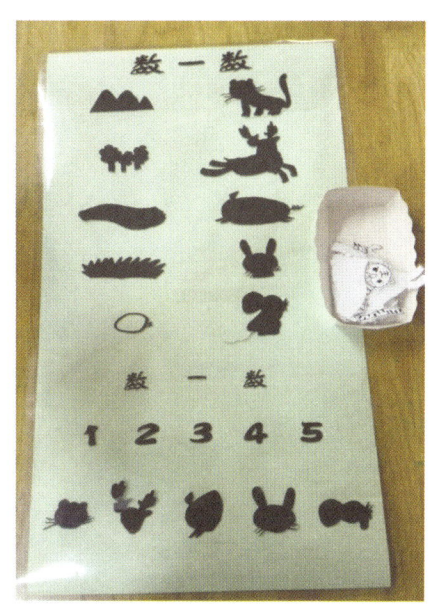

图 2-3-20

图 2-3-21

活动 11 寻宝

活动目标：通过观察图片上的提示符号和文字说明，在相应的位置上找到教师事先藏好的"宝贝"。

适宜年龄：4~5 岁。

活动准备：

1. "宝贝"若干（如贴纸、纸鹤等）。
2. 指示藏宝位置的图片若干（见图 2-3-22）。

图 2-3-22

游戏玩法：

1. 从篮子里选取 1 张图片，观察图片上的标注（见图 2-3-23）。
2. 按提示去相应的位置找"宝贝"，找到的"宝贝"可以作为自己的奖励（见图 2-3-24）。

活动建议：

游戏进行一段时间后，还可以进行更深一层次的玩法：按第一个提示找到相应位置，也可以找到的是另一张提示卡，按提示卡再次寻找，反复几次，增加游戏的难度和挑战性。

图 2-3-23

活动 12　图书医院

活动目标：

1. 尝试学习修补图书的方法，知道爱护图书。

2. 乐意修补图书，了解保护图书的方法。

适宜年龄：4~5 岁。

活动准备：

1. 图书救护站（剪刀、胶棒、透明胶、笔等）（见图 2-3-25）。

2. 破损的图书若干（见图 2-3-26）。

图 2-3-24

图 2-3-25

图 2-3-26

游戏玩法:

1. 拿取一本破损的图书。

2. 在图书救护站中选择修补的工具(透明胶、剪刀)。

3. 幼儿尝试拉开透明胶并对准破损的地方进行粘贴(见图 2-3-27)。

4. 粘贴好后用剪刀剪下透明胶的一端,图书修补成功(见图 2-3-28)。

5. 将修补好的图书放在图书区中,供幼儿阅读。

图 2-3-27

活动建议:

1. 对破损比较严重的图书,建议添加订书机、夹子等工具。

2. 有的图书破损后没有封面,可请幼儿自制封面。

图 2-3-28

活动 13　剪剪贴贴说故事

活动目标:自制图书,并根据图片内容讲故事,发展手部的灵活性。

适宜年龄:4~5 岁。

活动准备:

1. 废旧图书和订好的空白书(见图 2-3-29)。

图 2-3-29

2. 油画棒、勾线笔、剪刀、胶棒（见图2-3-30）。

游戏玩法：

1. 将废旧图书上的图案剪下来，黏贴在空白书页上（见图2-3-31）。

2. 用油画棒进行装饰（见图2-3-32）。

3. 根据剪贴下来的图案，自编故事。

4. 愿意和同伴交流自己的故事书，讲述画面内容。

活动建议：

还可以提供画笔，幼儿可在剪贴的基础上进行添画，丰富故事情节。

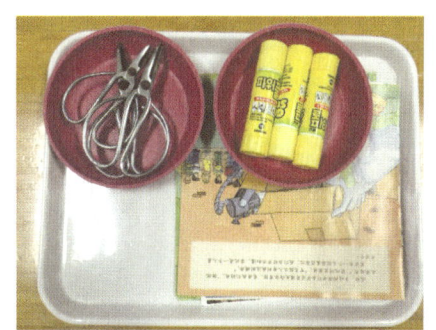

图 2-3-30

图 2-3-31

活动 14 自制蔬菜小书

活动目标：能根据食用的蔬菜部位是在上面、下面还是中间来创编故事小书。

适宜年龄：5~6岁。

活动准备：

1. 经验准备：

（1）幼儿了解常见的蔬菜（例如山芋、山药、土豆、玉米等）的食用部位。

图 2-3-32

（2）幼儿阅读过绘本《上面和下面》。

（3）幼儿了解书的构成（封面、正文、封底）。

2. 材料准备（见图2-3-33）：

（1）1/2的A4纸若干张。

（2）勾线笔、水彩笔、油画棒。

（3）订书机、常用蔬菜的卡片、录音机。

图2-3-33

游戏玩法：

1. 画出创编的故事。

2. 利用订书机（或回形针）把创编的故事小书固定起来。

3. 将自己的故事讲给大家听或者用录音机将自己的故事录下来。

活动建议：

教师将幼儿的故事用文字记录下来，放在图书区，供幼儿翻阅（见图2-3-34）。

图2-3-34

活动15　有趣的皮影戏

活动目标：尝试在幕布后面操作图片，并进行故事的创编与讲述。

适宜年龄：5~6岁。

活动准备：

1. 镂空的柜子（贴有封塑膜），以及一张便于自制图案的小桌子（见图2-3-35）。

2. 已涂好色并封塑的双面人物、动物图案（见图2-3-36）和未涂色的轮廓图（见图2-3-37）。

3. 水彩笔、胶棒、剪刀、竹签、回形针。

4. 台灯、扩音器（见图2-3-38）。

图2-3-35

游戏玩法：

1. 从框子里选出自己需要的图片，一一用回形针别在竹签上。

2. 将台灯摆放在幕布后面的合适位置，打开电源，调整亮度。

3. 将扩音器摆放在幕布后面的合适位置，戴上耳机，将话筒靠近嘴巴，打开电源。

4. 两手分别握住已别上图片的竹签，贴近幕布，边演示边讲述自编的故事。

图2-3-36

图2-3-37

活动建议：

1. 幼儿还可根据兴趣和需要选择白纸自主绘画或把轮廓图涂上颜色制作成皮影供表演用。

2. 该游戏还可两两合作，一人操作皮影，一人根据同伴的操作即兴讲述。

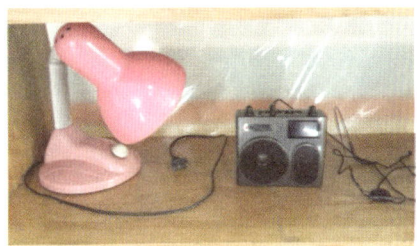

图2-3-38

活动16　名字我知道

活动目标：在操作中熟悉班级幼儿的名字，发展幼儿对于文字的兴趣。

适宜年龄：5~6岁。

活动准备：

1. 在钢琴背面用KT板布置成"名字我知道"展板，其中有组名和插卡袋（见图2-3-39）。

2. 贴有不同版式的名字和幼儿头像照片的底板（见图2-3-40）。

3. 与姓名卡配套的字（多数两个字或三个字连在一起）（见图2-3-41）。

游戏玩法：

1. 在筐子里根据照片选出一组幼儿的名字底板。

2. 将名字底板放在与小组名称相对应的插袋里。

3. 在筐子里找到正确的文字，放在名字底板的相应位置上。

4. 拼凑完成后检查是否是正确、完整的名字（见图2-3-42）。

图2-3-39

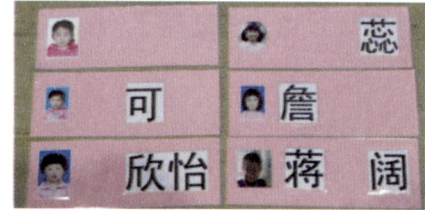

图2-3-40

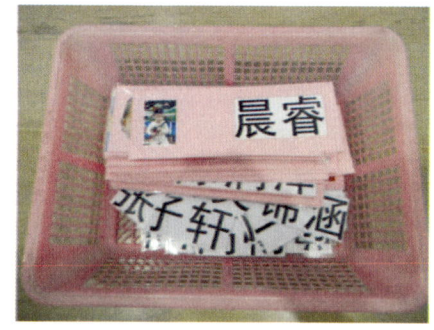

图2-3-41

图2-3-42

活动建议：

幼儿还可以先找到一个人的姓名底板，再找出正确的文字将姓名拼好。该游戏还可以两两比赛，每人在筐子中各找出一组小朋友的底板并拼凑成正确、完整的名字，先完成者获胜。

活动17 汉字变变变

活动目标：找出不同写法的相同汉字，体会中国汉字不断演变的历程。

适宜年龄：5~6岁。

活动准备：

1. 一些汉字的四种写法（甲骨文、篆书、隶书、楷书）的卡片，封塑后两边打洞，分为难易两筐。

2. 绳子若干。（见图2-3-43）

图2-3-43

游戏玩法：

1. 选择一筐卡片，找出同样汉字的不同写法的卡片。

2. 按照从古到今的演变顺序排列好。

活动建议：

1. 可在卡片背后加上文字提示，这样在幼儿分不清时可降低难度。

2. 教师还可提供绳子，让幼儿排好顺序后把它们穿起来，系成蝴蝶结（见图2-3-44）。

图2-3-44

活动18　拼图小书

活动目标：找出每页缺少的块面拼进书里，体会书籍中画面内容的完整性和连续性。

适宜年龄：5~6岁。

活动准备：

1. 将绘本图片逐页拍照、编辑（使每页缺少不同数量的块面），之后打印并封塑，制成大、小两本书（见图2-3-45）。

2. 两个筐子里分别装有两本绘本缺少的块面，用子母扣黏贴。

图2-3-45

游戏玩法：

1. 任选一本自制绘本，逐页翻开。

2. 尝试根据绘本阅读的经验，及每页上缺少部分的文字或图案等信息，找出筐子里合适的拼板（见图2-3-46）。

图2-3-46

3. 将拼板黏贴在绘本相应位置上，读一读，验证一下是否正确（见图 2-3-47）。

活动建议：

大、小不同的自制图书里每一页上的拼图底板各有不同，以呈现出一定的难易梯度，幼儿可根据自己的需要进行自由选择。

图 2-3-47

活动 19　猜谜大闯关

活动目标：尝试根据录音里的谜语猜出答案，并画出来。

适宜年龄：5~6 岁。

图 2-3-48

活动准备：

1. 经验准备：

（1）能绘画出一些较为熟悉的动物、植物、日用品的简单形象。

（2）会使用播放器。

2. 材料准备：

（1）谜语小书、谜语录音、播放器、耳机（见图 2-3-48）。

（2）裁成一半的 A4 纸、水彩笔、剪刀、订书机（见图 2-3-49）。

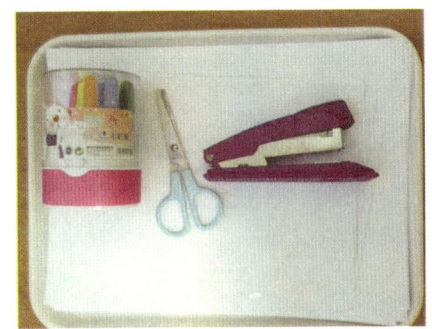

图 2-3-49

游戏玩法：

1. 选择一种类别的谜语，并在老师的帮助下用播放器找到相应的录音，按下暂停键准备好。

2. 取一张白纸，用简笔画画出自己准备猜的谜语类别，并写上姓名。

3. 打开这一类别的谜语小书，戴上耳机（为不影响其他幼儿游戏，最好使用），按下播放器上的播放键。

4. 对照小书上第一条谜语的文字，认真听谜面，听完后按下播放器上的暂停键（见图 2-3-50）。

图 2-3-50

5. 根据听到的谜面猜谜底，并取一张白纸，用简笔画画出答案，并写上谜语标号（见图 2-3-51）。

6. 按照同样方法逐条听谜面，并画出相应的答案。

7. 游戏结束时，将所有画上谜语答案的纸按照数字顺序排列好，写有名字的一页排在最前面作为答案小书的封面，并将小书装订起来。

8. 关闭播放器，收拾材料。

图 2-3-51

活动建议：

1. 当幼儿有某条谜语实在猜不出答案时，可请其继续往下猜。

2. 该游戏可以两人合作，共同听录音猜答案。在画答案时尽量独立完成，最后比一比谁猜的数量多且正确，谁就是闯关胜利者。

活动 20　听听画画

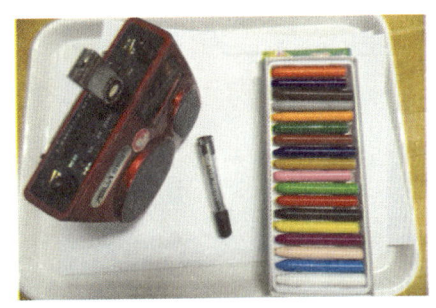

图 2-3-52

活动目标：尝试边听故事（或儿歌）边进行联想画，将听觉信息转化为视觉信息。

适宜年龄：5~6 岁。

活动准备：

播放器、纸、笔和油画棒（见图 2-3-52）。

图 2-3-53

游戏玩法：

1. 打开播放器，听故事或儿歌（见图 2-3-53）。

2. 根据听到的画面进行想象，并用画笔在纸上画出来（见图 2-3-54）。

3. 对画好的图画进行涂色装饰（见图 2-3-55）。

图 2-3-54

活动建议：

可以和同伴一起听，共同记录后相互欣赏记录下的画面。

图 2-3-55

第四节　美工区环境创设策略和活动案例

一、美工区环境创设策略

《指南》中指出，"艺术是人类感受美、表现美和创造美的重要形式，也是表达自己对周围世界的认识和情绪态度的独特方式"。幼儿也有感受美、表现美和创造美的需要。为了满足幼儿的这些需要，我们在教室中设立了美工区。在创设美工区的环境时，我们可以从以下几个方面来考虑。

首先，美工区应靠近水源，便于幼儿尝试水粉绘画等活动，以及活动结束后的清洗。美工区应配有幼儿护衣，同时，美工区的桌面应铺有软玻璃，这就使得幼儿在表达和创作的过程中可以免受弄脏桌面和衣服的干扰，而弄脏桌面和衣服的顾虑往往会限制幼儿表达和创作的自由。其次，提供丰富而适宜的材料，例如，蜡光纸、卡纸、铅画纸、彩复纸、皱纹纸等各种纸张；透明胶、双面胶、乳胶、胶枪等各种粘贴材料；纸箱、薯片罐子、卷纸筒、瓶子、鸡蛋托、树枝、松果、鸡蛋壳、干果壳、芒果核等各种废旧材料和自然物；水粉颜料、油画棒、棒棒彩、丙烯颜料等绘画工具，以及油泥、超轻粘土等泥工材料……材料类型的多元化不仅可以让幼儿感受和体验多种材料的不同特性，还可以使幼儿有机会自由选择与自己内在发展水平相契合的材料进行表现和创造。再次，材料要分门别类地摆放，并标识清楚，方便幼儿自由取放，这是因为乱糟糟的材料摆放会影响幼儿参与和表达的欲望，而在寻找材料过程中受挫也会降低幼儿对活动的激情。然后，美工区要有幼儿作品展示区。幼儿常常有展示自己作品的需要，所以要充分利用教室空间，创设立体、桌面、悬挂等多维度的幼儿作品展示区，这样不仅能够满足幼儿随时展示自己作品的需要，同时还有助于同伴间的相互欣赏、经验分享。最后，教师应和幼儿一起讨论并制定美工区的活动规则。美工区的材料比较丰富，幼儿在利用材料时往往会出现浪费的现象，在活动结束后也往往会出现凌乱不堪的状况。教师在发现这些问题后，可以及时将其拍摄下来，在和幼儿共同观看图片和视频、激发幼儿感受的基础上，和幼儿共同讨论美工区的活动规则，并用图夹文的形式记录下来，张贴在美工区中。

同时，围绕《指南》中关于艺术领域的两大目标——感受与欣赏、表现与创造，我们将美工区的活动划分为两大类：一是感受与欣赏类型的活动，我们提供多种艺术形式和作品，例如幼儿能够理解的一些名画、皮影戏、剪纸和捏面人等传统民间艺术和地方民俗文化，为幼儿提供适宜的各种形式的艺术作品，增强幼儿对艺术作品的感受与欣赏能力，为幼儿的表现与创造积累经验基础；二是表现与创造类型的活动，我们提供多种不同类型的活动，例如水彩笔画、彩色铅笔画、水粉画等不同类型的绘画活动，超轻粘土、油泥、泥土等不同类型的泥塑活动，剪纸、折纸等不同类型的纸艺活动，为幼儿提供表现和创造的机会，尊重幼儿自发的表现和创造，使得幼儿敢于并乐于表达、表现。

在美工区，教师还需要营造自由、接纳的氛围，让幼儿感受到自己可以自由地表达和创造，自己的作品能够被他人接纳、允许和尊重。当然，教师还要跟随幼儿的兴趣和需要，与幼儿共同商讨确定艺术表达、表现的主题，对材料进行更替和补充，观察幼儿在美工区的行为，并及时给予积极回应。

二、美工区活动案例

活动1 小树的新芽

活动目标：会用团泥和压泥的方法制作小树的新芽。

适宜年龄：2~3岁。

活动准备：
1. 插花泥、大果粒酸奶盒（见图2-4-1）。
2. 分叉不同的树枝（见图2-4-2）。
3. 油泥一盒。

图2-4-1

图2-4-2

游戏玩法：

1. 从油泥盒里取一点油泥。

2. 直接将油泥黏在树枝上（见图2-4-3）。

活动建议：

幼儿还可先取一点油泥在手心或泥工板上团成球状，再黏在树枝上。

图2-4-3

活动2　小刺猬背果子

活动目标：尝试在盒子洞洞上插上黏有油泥制作的小果子的棉签。

适宜年龄：2~3岁。

活动准备：

1. 将即时贴包裹在肥皂盒上，将三角形泡沫纸剪成刺猬头的形状，把两者黏贴在一起制作成一只小刺猬（见图2-4-4、图2-4-5）。

2. 在肥皂盒上戳上小洞（见图2-4-6）。

3. 油泥、棉签若干。

游戏玩法：

1. 取适当大小的油泥。

2. 搓成小圆球黏在棉签上。

3. 再插进小刺猬背上的洞洞里，尽量把洞洞插满。

图2-4-4

图2-4-5

图2-4-6

活动建议：

幼儿还可先把小刺猬的背上插满棉签，再用油泥搓成小圆球黏在棉签上。

活动 3　漂亮的瓶子

活动目标：尝试将彩色皱纹纸搓捏成小纸团，塞进透明瓶子里。

适宜年龄：2~3 岁。

活动准备：

1. 已经揉成大团的彩纸团和皱纹彩条纸（见图 2-4-7）。

2. 高矮不同的透明瓶子（见图 2-4-8）。

图 2-4-7

游戏玩法：

1. 选取喜欢的大号彩纸团。

2. 用捏或搓的方式变成小纸团，再投进透明瓶子里。

活动建议：

幼儿还可以将皱纹彩条纸捏或搓成小团，再投进透明瓶子中。

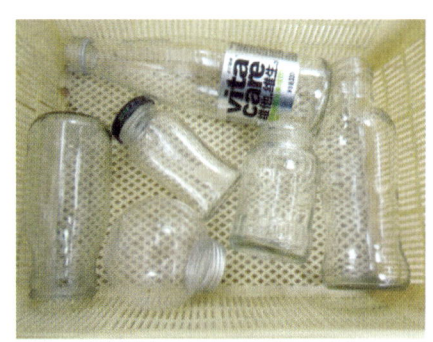

图 2-4-8

活动 4　愉快的节日

活动目标:
1. 选用好看的颜色进行涂色,表达节日的祝福。
2. 能较均匀地涂色。

适宜年龄:2~3 岁。

活动准备:
1. 各色油画棒。
2. 节日卡片。

游戏玩法:
1. 选择自己喜欢的油画棒的颜色。
2. 为节日卡片涂色,尽量不要将颜色涂在格子的外面。
3. 选择多种颜色将花朵涂上好看的颜色(见图 2-4-9)。

图 2-4-9

活动 5　食物造型

活动目标:尝试用圆形、方形、三角形的食物卡片创意地拼出各种造型、图画等。

适宜年龄:3~4 岁。

活动准备：

1. 经验准备：认识圆形、方形、三角形。

2. 材料准备：大托盘，圆形、方形、三角形的食物卡片。

游戏玩法：

1. 按自己的意愿选择不同形状的食物卡片，在托盘中摆一摆、拼一拼。

2. 尝试用一个挨着一个连接、不同方向拼接、叠加连接、不同形状组合等方法，创意地拼出自己喜爱的图案，尽量将托盘拼满（见图2-4-10）。

3. 拼好后说一说，自己用的什么形状的食物，拼出了什么造型。

图2-4-10

活动建议：

还可提供三种形状的水果、玩具等卡片，供幼儿进行拼搭。

活动6 瓜子壳刷画

活动目标：尝试将瓜子壳摁在贴好双面胶的轮廓图内，并选择自己喜爱的颜色进行刷画。

适宜年龄：3~4岁。

活动准备：

1. 经验准备：知道将瓜子壳一个挨紧一个，同方向黏贴。

2. 材料准备（见图2-4-11）：

（1）已贴好双面胶的轮廓图。

（2）各种嗑好的干净瓜子壳。

（3）水彩颜料、排笔、洗笔的瓶子。

图2-4-11

游戏玩法：

1. 选择一张自己喜爱的轮廓图。

2. 从最上面（或最下面）开始，先揭开第一条双面胶，将瓜子壳相同的一面朝上，一个挨着一个摁在双面胶上，把一行贴满。

3. 揭开第二条双面胶，用同样的方法贴上瓜子壳。

4. 按以上方法，依次揭开每条双面胶，贴上瓜子壳，直到将轮廓图贴满。

5. 用毛笔在调色盘内蘸取自己喜爱的颜料，刷在瓜子壳上。

活动建议：

1. 根据轮廓造型特征，可在每个部分刷上不同的颜色。换色前，需将毛笔在水里洗干净（见图2-4-12）。

2. 根据班级幼儿的发展情况，瓜子壳贴画与刷画可分为两个活动来进行。

图2-4-12

活动 7　盘扣

活动目标：

1. 练习盘的动作。

2. 将做好的盘花，有序地在线上排列。

适宜年龄：3~4 岁。

图 2-4-13

活动准备：

1. 经验准备：会用油泥搓长条。

2. 材料准备：塑封好的衣服底板、橡皮泥（见图 2-4-13）。

游戏玩法：

1. 选取适量的橡皮泥搓成长条。

2. 将长条摆放在衣服的黑线上，分别从橡皮泥的两端向里盘花（见图 2-4-14）。

3. 用上述方法依次做盘扣。

图 2-4-14

活动 8　神奇的圆

活动目标：通过重复旋转地画不同大小的圆，组合出不同的图画。

适宜年龄：3~4 岁。

活动准备:

不同大小的圆形塑料板、铅笔、白纸(见图 2-4-15)。

游戏玩法:

1. 选择自己喜欢的圆,把铅笔放进去,沿着边缘不停地画圆(见图 2-4-16)。

2. 也可以先画好一个圆,然后再给这个圆任意地添画耳朵、鼻子等图案,画成自己喜欢的小动物脸。

图 2-4-15

图 2-4-16

活动 9　春天的小芽芽

活动目标:选用不同的绘画工具和材料表现春天的小芽芽。

适宜年龄:3~4 岁。

活动准备(见图 2-4-17):

1. 深浅不同的绿色颜料、油画棒。
2. 棉签、小毛笔。
3. 树干底板。

图 2-4-17

游戏玩法：

1. 拿油画棒在树干底板上添画柳枝（见图2-4-18）。

2. 用棉签、油画棒或者小毛笔在柳枝上添画春天的小芽芽（见图2-4-19）。

3. 用油画棒、小毛笔或棉签添画地上的小草。

图2-4-18

活动10　纸袋玩偶

活动目标：能利用纸袋原型和提供的材料，通过画、剪、黏贴等方式制作玩偶。

适宜年龄：4~5岁。

活动准备：

1. 经验准备：知道玩偶的头发、五官应黏贴在纸袋的什么位置。

2. 材料准备（见图2-4-20）：

（1）制作好的纸袋、玩偶的头发、玩偶的五官等黏贴材料。

（2）油画棒、胶棒、剪刀。

（3）画好折叠线和黏贴线的彩纸。

图2-4-19

游戏玩法：

1. 先取一个制作好的纸袋，再分别选择

图2-4-20

喜爱的头发、五官图片。

2. 将纸袋开口的一端朝下，在纸袋另一端的最上面贴上头发，再贴上五官。

3. 在纸袋的合适位置添画出玩偶的脸型和上身服饰。

4. 将纸袋下方的左右两边半圆沿线剪掉。

5. 将一只手从纸袋下面的开口套进，大拇指和小指分别从剪掉的半圆里伸出来（见图2-4-21）。

6. 用制作好的纸袋玩偶进行表演。

图2-4-21

活动建议：

1. 对于动手能力较强的幼儿，可先用彩纸按折叠线和黏贴线制作出纸袋，再按以上方法制作玩偶。

2. 玩偶的头发和五官，也可按自己的意愿和喜好进行绘画。

活动11　越开越大的花

活动目标：能用渐变色表现花越开越大的形态。

适宜年龄：4~5岁。

活动准备：

1. 经验准备：知道一种颜色是如何渐渐变化的。

2. 材料准备：

（1）铅笔、勾线笔、空白纸（见图2-4-22）。

（2）三原色颜料、白色颜料、黑色颜料、调色盘、水桶、毛笔、桌布（见图2-4-23）。

（3）填色步骤图（见图2-4-24）、渐变色图解（见图2-4-25）。

图2-4-22

图2-4-23

游戏玩法：

1. 选取一张已画好的三层花瓣轮廓图。

2. 用毛笔蘸取调色盘里已调好的红色中最深（或最浅）的颜色，将之填进花朵轮廓图的最外圈（或最里圈）的一层花瓣。

3. 将毛笔在桶里的清水中洗干净，并在桶边捺去多余的水。

4. 用洗净的毛笔蘸取调色盘里已调好的红色中不深不浅的颜色，将之填进花朵轮廓图的中间一层花瓣。

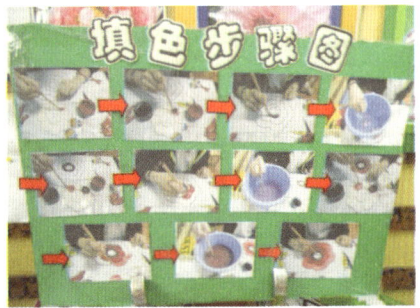

图2-4-24

5. 再将毛笔在桶里的清水中洗干净，并在桶边捺去多余的水。

6. 用洗净的毛笔蘸取调色盘里已调好的红色中最浅（或最深）的颜色，将之填进花朵轮廓图中剩余的一层花瓣。

图2-4-25

活动建议：

1. 在填色前，幼儿还可选取一张空白纸，自行绘画出一朵自己喜爱的三层花瓣的大花。

2. 填入花瓣的渐变色，幼儿也可自行调出。幼儿根据喜好选取一种颜料，之后参考"渐变色图解"，用一点白色（或黑色）与原色混合调出中间色，再用多一点白色（或黑色）调出更浅（或更深）的颜色。

图 2-4-26

活动 12　生日花开了

活动目标：尝试在纸杯外圈绘画出相等距离的线条，并剪开涂色，制作成生日花。

适宜年龄：4~5 岁。

图 2-4-27

活动准备：

1. 经验准备：能绘画出不同类型的线条。

2. 材料准备：

（1）已画好各种线条的白色纸杯、空白纸杯（见图 2-4-26）。

（2）油画棒、剪刀、勾线笔、吸管、木棒、透明胶带、废纸篓（见图 2-4-27）。

（3）已贴有"生日树"的墙面，最下面的咖啡色泡沫纸处有插缝（见图 2-4-28）。

图 2-4-28

（4）装有插花泥的小花架（见图2-4-29）。

图2-4-29

游戏玩法：

1. 选择一个空白纸杯，在纸杯外的一圈画上自己喜爱的线条或连续纹样，尽量保持线条之间的距离相等，或花纹大小相等。画到离纸杯底部还有一些空余即可，不要画到底。

2. 用剪刀沿线条将纸杯剪开。注意不要剪到最底部，以免剪断。

3. 将剪开的每片"花瓣"从杯口上方往下折叠，成一朵花的形状。

4. 将纸杯花的中心边缘凸起的一面朝上，在每片花瓣上用油画棒画上自己喜爱的图案，并涂上颜色，在花心画上娃娃的笑脸。

5. 取一根吸管，将吸管一端用透明胶黏贴在花心背面。注意吸管的方向要与花心的笑脸的方向成90°垂直。

6. 将制作好的生日花插在墙面的咖啡色插缝里或柜子上的小花架里（见图2-4-30）。

图2-4-30

活动建议：

幼儿也可选择已画好线条图案的纸杯，直接剪开涂色和制作。

活动 13　青花瓷瓶

活动目标：

1. 选择不同图形的青花瓷瓶，尝试用油泥进行创作。

2. 掌握搓圆、长条形等方法，并在瓷瓶上组合出图形。

适宜年龄：4~5岁。

活动准备：

1. 经验准备：幼儿能用油泥搓出圆形、螺旋形、长条形等。

2. 材料准备：蓝色油泥一盒，各种形状的纸质花瓶底板若干（见图2-4-31）。

图2-4-31

游戏玩法：

1. 幼儿在筐中选择自己喜爱的花瓶底板进行创作。

2. 将油泥搓成大小不一、形状不一的长条形。

3. 将搓好的长条形贴在青花瓷瓶上，组合成不同的图案（见图2-4-32）。

4. 依此方法，将整个花瓶全部装饰完成。

5. 游戏结束后将材料收放整齐。

图2-4-32

活动建议：

1. 幼儿在游戏前可在模板上用铅笔把设计图形画出来。

2. 可提供有层次性的模板给幼儿，花瓶的形状也可难易不同。

活动 14　创意花瓶乐

活动目标：

1. 将不同颜色的毛线按序绕在白色底衬底的酒瓶上。

2. 会正确地使用双面胶，并能撕下胶面。

适宜年龄：4~5 岁。

图 2-4-33

活动准备：

1. 经验准备：幼儿会将毛线有序地绕在线轴上。

2. 材料准备：

（1）各种颜色的毛线卷轴（见图 2-4-33）。

（2）白色底色的酒瓶若干。

游戏玩法：

1. 幼儿尝试选择自己喜欢的瓶子形状。

2. 将双面胶的胶面撕下，毛线一层一层地绕在酒瓶上（见图 2-4-34）。

图 2-4-34

3. 毛线绕在瓶子上，每个层次的毛线可以组合成不同的颜色。

4. 换不同颜色的毛线时，需将原来用的毛线绕回线轴上，再选择其他的颜色。

5. 按顺序将整个瓶子上绕上毛线。

活动建议：

在幼儿熟悉操作后，可将毛线的颜色种类提供得更加丰富一些。

图 2-4-35

活动 15　石头画——仙人掌

活动目标：能在石头上均匀地涂上底色，并用棉签有规律地点画仙人掌的刺。

适宜年龄：4~5 岁。

图 2-4-36

活动准备：

石头、颜料、毛笔、棉签等（见图 2-4-35）。

游戏玩法：

1. 将石头均匀地涂上绿色（见图 2-4-36）。

图 2-4-37

2. 待颜料风干后，用棉签蘸上白色颜料，点画仙人掌的刺，排列均匀有序（见图 2-4-37）。

3. 利用风干的仙人掌进行造型摆放（见图 2-4-38）。

图 2-4-38

活动建议:

在掌握方法后,可进行其他创意画。

活动 16　点点画画

活动目标:展开想象,在手指点画的基础上添画成熟悉的事物。

适宜年龄:4~5岁。

活动准备:

各色颜料、抹布、白纸、水彩笔(见图2-4-39)。

图2-4-39

游戏玩法:

1. 先想一想自己将要画一幅什么内容的画,比如,太阳、云、小白兔和乌龟赛跑等。

2. 选择合适的颜料点画,比如,在太阳的位置用手指蘸颜料点一个点,然后换一个手指头再蘸蓝色的颜料在云的位置上点画。

3. 擦干净手指头,等点子干了之后再进行添画,例如,添画四肢和头就变成了小朋友(见图2-4-40)。

活动建议:

刚开始时,幼儿可以随意添画,当幼儿

图2-4-40

对添画有了一定基础后再引导幼儿先构思画面再进行手指点画的活动。

活动17 美丽的向日葵

活动目标：能将长条形编进花心里制作成向日葵。

适宜年龄：5~6岁。

活动准备：

1. 经验准备：能很清楚地说出向日葵的形态特征。

2. 材料准备（见图2-4-41）：

（1）已编好的花心和在中间等距割好直线的圆盘。

图2-4-41

（2）用泡沫纸剪好的细长条，大小不同的黄色、桔色花瓣，叶子。

（3）订书机、剪刀等。

游戏玩法：

1. 选择编好的花心或根据喜好选择圆盘和细长条自己编（见图2-4-42）。

2. 选择1片桔色大花瓣、2片黄色小花瓣，用订书机钉在花心旁边。

3. 选择细长条和叶子进行最后的装饰。

图2-4-42

活动建议：

可在筐子里选择老师画好的直线细长条自行裁剪（见图2-4-43）。

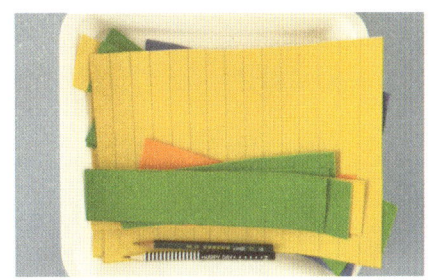

图2-4-43

活动18　花瓶的设计与装饰

活动目标：用超轻黏土和多种装饰材料黏贴花瓶。

适宜年龄：5~6岁。

活动准备：

1. 经验准备：认识、欣赏、绘画过花瓶。

2. 材料准备：

（1）各种颜色的超轻黏土（见图2-4-44）。

图2-4-44

（2）已包好黏土的瓶子和去了外包装的瓶子（见图2-4-45）。

（3）各种装饰材料、剪刀、白胶（见图2-4-46）。

图2-4-45

游戏玩法：

1. 选择一个瓶子。

2. 任选一种颜色对瓶子进行最基础的装饰。

3. 用超轻黏土做出各类图案（花形、螺旋形、心形等）。

4. 选择自己喜爱的装饰材料进行装饰。

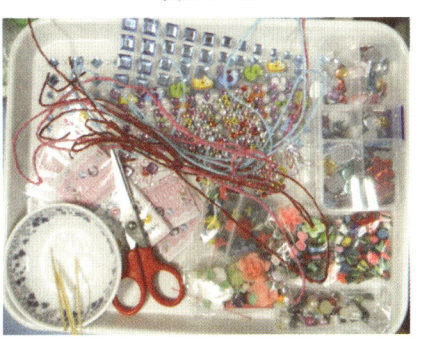

图2-4-46

活动建议：

可以选择老师已经包好的瓶子直接装饰，也可以选择空瓶子进行装饰。

活动 19　爱心礼盒

活动目标：

1. 能够根据正方体的特征，在图示的帮助下制作正方体。

2. 学习使用皮筋、纸绳和彩带对物品进行包装。

适宜年龄：5~6 岁。

活动准备：

1. 经验准备：初步学会系蝴蝶结。

2. 材料准备：包装绳、剪刀、材料纸、盘子（见图 2-4-47）。

游戏玩法：

1. 根据虚线进行折叠，并在阴影处抹上浆糊黏贴成正方体（见图 2-4-48）。

2. 用不同材质的绳子对礼盒进行装饰或包装。

图 2-4-47

图 2-4-48

活动 20　食物加工厂

活动目标：

1. 能选择废旧材料进行食品加工制作。
2. 学习使用订书机、胶带器等工具。

适宜年龄：5~6 岁。

活动准备：

1. 经验准备：认识订书机，了解订书机的使用方法。
2. 材料准备：

（1）包装袋、各种幼儿收集的包装盒、纸类。

（2）胶棒、剪刀、油泥、订书机、胶带器、双面胶等。

游戏玩法：

1. 使用油泥、各种材料的纸张等进行食物加工，例如，饼干、糖果、薯条等。
2. 将制作好的食品放进包装袋里，最后用订书机封口（见图 2-4-49）。

图 2-4-49

活动 21 美丽的风筝

活动目标：

1. 尝试设计并制作风筝的筝面。

2. 能利用已有的材料（彩色棒、吸管、筷子、双面胶、透明胶）来制作风筝的支架。

适宜年龄：5~6 岁。

活动准备：

1. 经验准备：欣赏过风筝的造型和色彩，了解风筝的基本构成。

2. 材料准备（见图 2-4-50）：

（1）扁平的彩色棒、吸管、筷子。

（2）胶带器、剪刀、双面胶。

（3）白纸、多种颜色的皱纹纸。

（4）水彩笔、油画棒、勾线笔。

（5）毛线、纸绳等。

图 2-4-50

游戏玩法：

1. 在白纸上设计出风筝的筝面，用水彩笔或油画棒来装饰风筝的筝面，并用剪刀将其剪下。

2. 用已有的材料（彩色棒、吸管、筷子等）来做风筝的支架（见图 2-4-51）。

3. 尝试把风筝的支架固定在风筝的筝面上。

4. 用皱纹纸来做风筝的尾巴。

5. 尝试用纸绳或毛线来做风筝的线。

图 2-4-51

活动 22　玩转笔筒

活动目标：用绘画、彩纸、毛根等材料平面地或立体地装饰笔筒，制作出有创意的笔筒。

适宜年龄：5~6 岁。

图 2-4-52

活动准备：

1. 经验准备：幼儿参与搜集了笔筒，欣赏了多种笔筒的造型。

2. 材料准备（见图 2-4-52）：

（1）高低不同的薯片罐子。

（2）多种颜色的彩纸、皱纹纸和瓦楞纸。

（3）多种颜色的毛根。

（4）双面胶、勾线笔、剪刀、胶棒等。

图 2-4-53

游戏玩法：

1. 用瓦楞纸或皱纹纸把薯片罐子的周围包住。

2. 根据自己的需要选择毛根、彩纸等材料在包好的薯片罐子上进行装饰（见图 2-4-53、图 2-4-54、图 2-4-55）。

 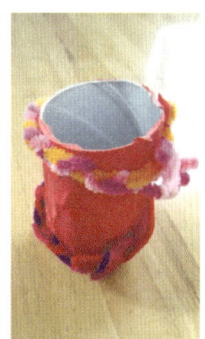

图 2-4-54　　　图 2-4-55

活动 23 好玩的纸筒偶

活动目标：迁移已有经验，利用卷纸筒制作纸筒偶，增强对颜色搭配的敏感性。

适宜年龄：5~6 岁。

活动准备：

1. 经验准备：幼儿熟悉动物的外形特点。
2. 材料准备：卷纸芯、各种颜色的纸、勾线笔、胶棒、油画棒（见图 2-4-56、图 2-4-57）。

游戏玩法：

1. 在纸上画出喜欢的动物造型。
2. 选择喜欢的油画棒给动物涂上好看的颜色。
3. 将画好的动物造型剪下来。
4. 用废纸对卷纸芯进行装饰。
5. 将动物造型黏贴在纸筒上（见图 2-4-58）。
6. 和同伴一起进行故事表演，感受合作游戏带来的快乐。

图 2-4-56

图 2-4-57

图 2-4-58

活动 24　纸板撕画

活动目标：能在纸板上画出自己喜爱的图案，并将画面空白处的纸板的最上层撕掉。

适宜年龄：5~6 岁。

活动准备：

1. 经验准备：

（1）能大胆绘画自己喜爱的事物。

（2）会撕开纸板。

2. 材料准备：纸箱分割成的纸板若干、水彩笔、剪刀（见图 2-4-59）。

图 2-4-59

游戏玩法：

1. 选择一块纸板，用水彩笔在纸板上画出自己喜爱的事物，并涂上合适的颜色。

2. 将画面空白处的纸板的最上面一层小心地撕去。

3. 尽可能地将纸板上所有没画图案的空白处全部撕掉，包括较为细小的部分。

4. 根据自己的意愿，将纸板修剪成自己喜爱的形状（见图 2-4-60）。

图 2-4-60

活动建议：

活动初期可提供已修剪过形状的纸板供幼儿选择。

活动 25 湖里的船

活动目标：尝试按步骤图折纸船，并将纸船添画成一幅画。

适宜年龄：5~6岁。

活动准备：

1. 经验准备：幼儿在以往的折纸活动中已会看步骤图。

2. 材料准备：

（1）步骤图2张（见图2-4-61、图2-4-62）。

（2）水彩笔、胶棒、白纸、各种颜色的彩复纸。

游戏玩法：

1. 按步骤图上的方法折出纸船。

2. 将折好的不同形状的纸船放在一边，拿一张白纸，将纸船黏在白纸上（见图2-4-63）。

3. 黏好纸船后，用水彩笔进行添画，绘画出一幅美丽的风景（见图2-4-64）。

活动建议：

幼儿掌握两种纸船折叠方法后，可添加其他折纸船的步骤图。

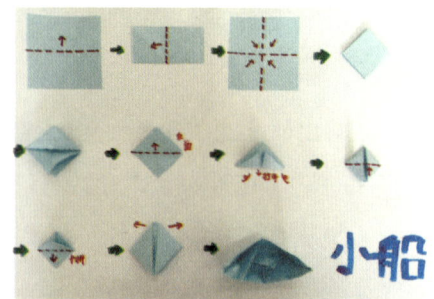

图 2-4-61

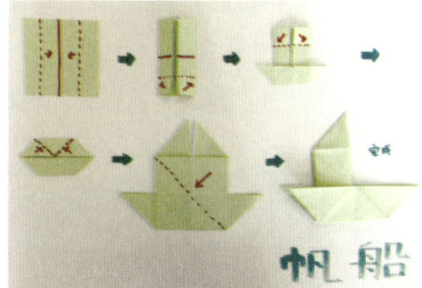

图 2-4-62

图 2-4-63

图 2-4-64

第五节　科学区环境创设策略和活动案例

一、科学区环境创设策略

幼儿具有天生的好奇心，常常对周围的事物和现象感兴趣，而科学区就是一个能够满足幼儿好奇心的地方。幼儿可以通过触摸、观察、操作、比较、实验等方法，对事物和现象进行初步的感受和理解。在创设科学区时，我们可以从以下几个方面来考虑。

首先，科学区应设置在光线比较充足的地方，因为一些关于光和影的活动需要用到自然光；科学区应靠近水源，因为幼儿在进行一些实验，或者在照顾植物时常需要用到水；科学区应呈现较封闭的半包围状态，有利于幼儿安静、专注地进行相关活动。

其次，科学区需要提供一些基本的材料，例如，放大镜、天平、洒水壶、磁铁、昆虫标本、三棱镜、温度计等，方便幼儿进行一些科学探索。同时，科学区还要放置一些辅助材料，例如，纸、笔、尺子、剪刀、胶棒等，方便幼儿在观察后及时进行记录。教师要定期浏览幼儿的记录，并对幼儿的记录进行回应，例如，提出启发性的问题，提供相关的书籍资料和图片等来促进幼儿进一步的学习和反思。

再次，注重同种材料的不同操作方式，以满足不同发展水平的幼儿，使得每名幼儿在探索的过程中都可以在自己原有发展水平的基础上获得发展。例如，在"磁铁的游戏"中，我们提供了条形磁铁、金属和非金属的材料、马蹄形磁铁、纸和笔，幼儿通过操作可以发现磁铁与什么材料相互吸引，发现同种颜色的磁铁相互靠近时是不会吸在一起的，还可以通过绘画等的方式把自己的发现记录下来。

最后，材料的放置要有序，方便幼儿自由取放，可以让他们自由地进行探索。同时，放置材料的标志要明显，方便幼儿进行收拾和整理。

同时，围绕《指南》中科学领域的两大目标——科学探究和数学认知，以及课程的开展、季节的变化、幼儿的年龄特点和需要等，设计一些有趣的，涉及物理、生物等现象的科学探究活动，例如了解声音的奥秘、探索光和影、发现磁铁的秘密、探索摩擦力等的活动；再如春季养蚕，幼儿通过照顾蚕宝宝，观察和感受蚕宝宝的成长过程；又如大班幼儿对豆芽的生长很感兴趣，教师可以设计比较试验，让幼儿通过观察来感受和理解发豆芽成长需要的条件。同时，设计一些有助于发展幼儿数学认知能力的活动，例如，按数取物、比较物体多少、分配物品等的活动来发展幼儿"感知和理解数、量及数量关系"的能力。再如，通过形状配对、几何图形创意拼搭等的活动来发展幼儿"感知形状与空间关系"的能力。

幼儿在科学区的探索结果不是最重要的，最重要的是幼儿感受、体验和发现的过程，教师要充分保护幼儿的好奇心和探究兴趣，激发幼儿探究的欲望。

二、科学区活动案例

活动1 彩蛋摇一摇

活动目标：对发出声音的物体感兴趣，乐于动手操作探索。

适宜年龄：2～3岁。

活动准备：

1. 经验准备：认识"能发出声音"和"不能发出声音"的标志。

2. 材料准备：

（1）标记有能发出声音和不能发出声音的分类筐、彩蛋若干（见图2-5-1、图2-5-2）。

（2）神秘盒，盒内装有小石子、海绵块、小纸片、硬币、木质积木、纽扣、剪断的吸管、棉花、花生、贝壳、布、塑料玩具、毛线等。

图2-5-1

图2-5-2

游戏玩法:

1. 把手伸进神秘盒中摸索取出一样物品放入彩蛋中(见图2-5-3)。

2. 摇晃彩蛋,用耳朵感知物体摇晃碰撞可以发出不同的声音。

3. 对发出声音和不能发出声音的物品进行分类。

图2-5-3

活动建议:

对于能力较强的幼儿,教师可以提供记录表让幼儿自由探索后记录。

图2-5-4

活动2 小盒子找家

活动目标:

1. 观察虚线构成的图形,把相应大小形状的盒子摆放上去,感知盒子的形状。

2. 发展观察比较的能力,建立初步的空间概念。

适宜年龄:2~3岁。

活动准备:

1. 经验准备:初步认识圆形、方形和三角形。

2. 材料准备:虚线图,各种形状的小盒子、筐子(见图2-5-4、图2-5-5)。

图2-5-5

游戏玩法：

层次一：仔细看看虚线，说说虚线是什么形状的。在筐子里找找看，哪个盒子的形状像它，然后把盒子放上去。

层次二：先拿出一个盒子，看看盒子是什么形状的，然后再用盒子去找虚线的家。

活动建议：

可根据孩子的操作熟悉程度，更换不同形状和大小的盒子。

活动3　毛毛虫食谱

活动目标：能根据底板上的数字摆放相应点卡，并匹配食物卡片。

适宜年龄：3~4岁。

活动准备：

1. 经验准备：阅读过绘本《好饿的毛毛虫》。
2. 材料准备：食谱底板、1—7的点卡、1—7的不同食物卡片（见图2-5-6）。

图2-5-6

游戏玩法：

1. 从装着点卡的小盘子里找出印着一个点子的卡片，摆放在底板上印有"1"的小格子里。

2. 按照同样方法，依次找出印着 2 个至 7 个点子的卡片，摆放在底板上印有"2"—"7"的小格子里。

3. 对照底板左边每个数字旁边的食物及数量，先在装着食物卡片的小盘子里，找出一张苹果卡片，摆放在点卡"1"的下方。

4. 按照同样方法，依次找出其余食物卡片，对应摆放在点卡"2"—"7"的下方。注意每种食物卡片需要一个挨着一个竖排摆放（见图 2-5-7）。

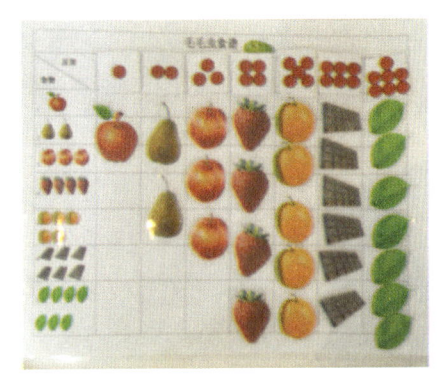

图 2-5-7

活动建议：

1. 在摆放点卡和食物卡片时，幼儿也可摆放完一张点卡后，就摆放该点卡对应的食物卡片。

2. 在幼儿逐步熟悉绘本内容后，可提供没有实物参考图的底板供幼儿操作。

3. 在幼儿进行过仿编活动后，还可提供其他食物卡片供幼儿操作。

活动 4　颜色的秘密（一）

活动目标：将两种颜色的玻璃纸重叠后观察轮廓图，发现颜色是如何变化的，并尝试记录。

适宜年龄：3~4 岁。

活动准备：

1. 经验准备：认识三原色。

2. 材料准备：

（1）无色的轮廓图（见图2-5-8），红、黄、蓝三色玻璃纸（见图2-5-9）。

（2）已画有需要实验颜色的记录单，绿、紫、橙三色的水彩笔，抹布（见图2-5-10）。

图2-5-8

游戏玩法：

1. 对照记录单第一行，取红、黄两种颜色的玻璃纸，将之重叠在一起。

2. 任意取一张轮廓图，将重叠后的玻璃纸摆放在轮廓图上方，观察轮廓图变成了什么颜色。

3. 按照轮廓图出现的颜色，取同样颜色的水彩笔，在记录单第一行红、黄颜色的箭头后的空白处涂上颜色。

4. 按照同样的方法，分别观察记录单第二和第三行的两种颜色重叠后让轮廓图产生了什么变化，并一一记录。

图2-5-9

活动建议：

在幼儿逐步熟悉记录单的记录方法后，还可以提供只有空白格子和箭头的记录单，以及一盒水彩笔，请幼儿观察前先自行找出三原色的水彩笔，并依次在每行的小格子里

图2-5-10

记录每次观察的两种颜色重叠后出现了什么变化（见图 2-5-11）。

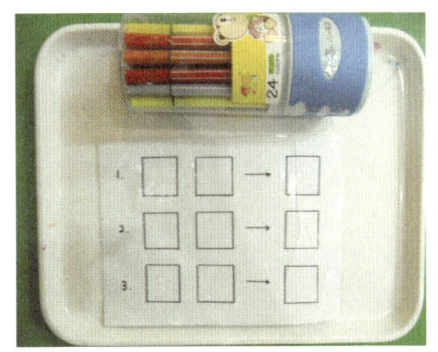

图 2-5-11

活动 5　颜色的秘密（二）

活动目标：在认识三原色的基础上，通过将两种颜料在水里混合，发现色彩的变化情况，并记录下来。

适宜年龄：3～4 岁。

活动准备：

1. 经验准备：认识三原色。

2. 材料准备：

（1）装有自来水的三个透明塑料瓶（有编号 1、2、3），调色盘中装有红、黄、蓝三色的颜料。

（2）已画有需要实验颜色的记录单，需要自己填写实验颜色的记录单。

（3）毛笔、一盒水彩笔、抹布。

游戏玩法：

1. 按照记录单第一行的两种颜色，先用毛笔蘸取一种颜色的颜料，在 1 号瓶子里涮一下，再蘸取第二种颜色的颜料，在同一个瓶子里涮一下，看看水变成了什么颜色，之后找出这种颜色的水彩笔，在第一行的箭头后面涂出颜色作为记录。

2. 用相同方法完成整张记录单（见图2-5-12）。

活动建议：

在游戏"颜色的秘密（一）"进行一段时间后可进行此游戏，两种游戏记录单可同时提供给幼儿，供他们自行选择。

图 2-5-12

活动 6　神秘盒

活动目标：能感知和发现物体和材料的软硬、光滑和粗糙等特性。

适宜年龄：3～4 岁。

活动准备：

1. 经验准备：幼儿熟悉一些常见的水果。
2. 材料准备：各种塑料水果、KT 板、实物水果、神秘盒（见图 2-5-13）。

图 2-5-13

游戏玩法：

层次一：根据摸到的形状说说是什么感觉、什么形状，猜猜是什么水果。

层次二：根据提示板上的图片顺序，在盒子里摸一摸，再拿出来摆一摆，看看是否摸对。

活动建议：

1. 游戏前可丰富幼儿对物体形状和触感的语言词汇。如：圆形、光光滑滑的、粗粗的。

2. 游戏可供两名幼儿进行。一名幼儿摸并用语言描述，另一名幼儿根据图片猜测，两人再共同验证。没猜对的可放进去，打乱后继续游戏。

活动 7　金字塔

活动目标：

1. 能根据图示摆放相应数量和颜色的图片并做数量和颜色标记。

2. 感知 5 以内的数量。

适宜年龄：3~4 岁。

活动准备：

由正方形组成的金字塔形图案底板，彩色小方块。

游戏玩法：

1. 拿起底板观察颜色排列顺序。

2. 从上或下开始拿取相应的颜色方块覆盖在底板对应的位置上，逐一摆放整齐（见图 2-5-14）。

图 2-5-14

3. 在底板左右两侧的小方块中分别做颜色和数量标记（见图 2-5-15）。

活动建议：

也可以先看底图做标记，再摆放小方块。

活动 8　自制指南针

活动目标：进一步了解指南针、磁铁的物理特性。

适宜年龄：3~4 岁。

图 2-5-15

活动准备：

1. 经验准备：知道指南针的用途。

2. 材料准备：橡皮、细针、粗针、磁铁、双面胶、笔套（见图 2-5-16）。

图 2-5-16

游戏玩法：

1. 取出细针插在橡皮上面。

2. 取出粗针在磁铁上摩擦。

3. 把笔套套在细针上，并用双面胶将粗针和笔套黏贴。

4. 磁针会指向南北两个方向（见图 2-5-17）。

活动建议：

在实验过程中注意幼儿使用针的安全。

图 2-5-17

活动 9 小手剥一剥

活动目标：

1. 探索不同的剥花生及毛豆的方法。

2. 尝试用符号记录花生、毛豆的数量，并比一比谁的颗粒比较多。

适宜年龄：4~5 岁。

图 2-5-18

活动准备：

1. 经验准备：幼儿用圆、数字等符号记录过物体的数量。

2. 材料准备：花生、毛豆若干，记录表一份，笔，纸盘（见图 2-5-18）。

游戏玩法：

1. 幼儿尝试探索剥开花生和毛豆。

2. 在记录表上用数字或符号记录花生和毛豆的数量，并比一比每行谁的颗数比较多（见图 2-5-19）。

3. 将剥好的花生及毛豆壳放在纸盘内。

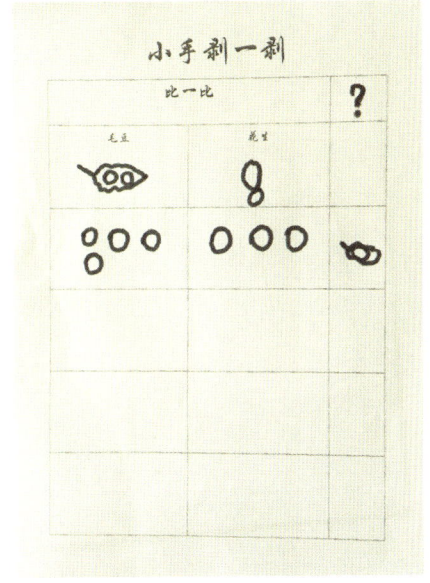

图 2-5-19

活动 10 灯亮了

活动目标：初步了解电池有两极；电线要连接两极，灯珠才能发光。

适宜年龄：4~5 岁。

活动准备：灯珠、电池、电线。

游戏玩法：

1. 先将电线的一端缠绕在灯珠下部金属区域，并拧紧。

2. 一只手拿好电池，用负极将电线的另一端紧紧压在桌面上，另一只手拿着灯珠，将底部金属部分搭在电池的正极上即可（见图2-5-20）。

图2-5-20

活动建议：

1. 教师可以预先将电线的一端和灯珠连接好，方便幼儿操作。

2. 鼓励幼儿自己先连接灯珠和电线，再连接电池。

活动11　物体下落实验

活动目标：通过实验了解不同物体下落时有不同状态，并能正确记录。

适宜年龄：4~5岁。

活动准备：

1. 经验准备：初步观察过一些物品下落的状态特征，并会表述。

2. 材料准备（见图2-5-21）：

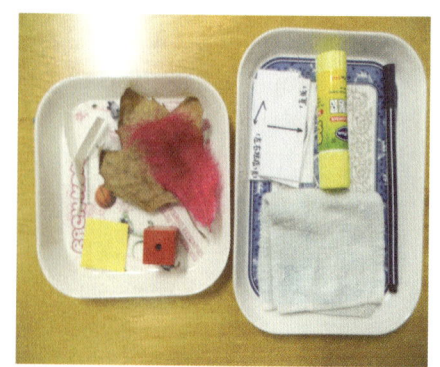

图2-5-21

（1）5种材质及造型不同的物品。

（2）5种下落方式标记图。

（3）胶棒、抹布、记录单。

游戏玩法：

1. 从装有物品的盘子里任取一种物品，将之举过头顶后轻轻松手，仔细观察其下落的状态。

2. 根据该物品下落的方式，从另一个装有下落方式图标的小托盘里找出对应的标记，黏贴在该物品旁边的空格内。

3. 按以上方法一一实验每种物品的下落方式，并依次找出对应标记表示（见图2-5-22）。

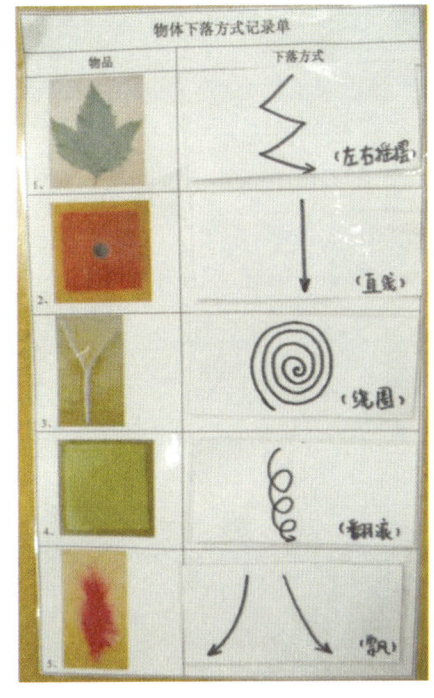

图 2-5-22

活动建议：

1. 在幼儿对物品下落方式标记图逐步熟悉之后，可提供另一种在"下落方式"一栏有提示标记的记录单，供幼儿在每次观察后自行绘画下落标记（见图2-5-23右）。

2. 还可提供其他小物品供幼儿实验观察。

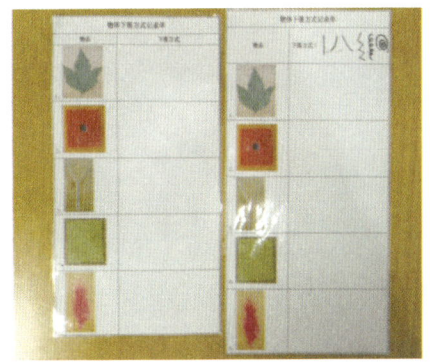

图 2-5-23

活动 12　井里救人

活动目标：能用磁铁将瓶子里贴有磁铁的纸人吸出来，并统计数量。

适宜年龄：4~5 岁。

活动准备：

1. 经验准备：玩过磁铁，对磁铁的特性有一定的了解。

2. 材料准备：

（1）瓶口大小不同、高矮不同的瓶子若干（见图 2-5-24）。

图 2-5-24

（2）贴有磁铁的红、黄、蓝三色的纸人（见图 2-5-25）。

（3）磁铁、记录单、数字印章（见图 2-5-26）。

图 2-5-25

游戏玩法：

1. 将所有的磁铁纸人一一装进塑料瓶子里，每个瓶子里装一个。

2. 取一个瓶子，将瓶口朝上拿好。

3. 用一个磁铁隔着瓶子对准里面的纸人，将之吸住，之后沿着"井壁"将纸人慢慢向上朝瓶口处拖，直至将纸人"救"出来。

4. 将空瓶放回筐子里。

5. 按照上述方法，将瓶子里的纸人全部救出来。

6. 数一数救上来的红、黄、蓝色的女孩与男孩分别有多少，用数字印章在记录单上记录。

图 2-5-26

活动建议：

1. 在幼儿逐步熟悉了玩法后，可多提供一些磁铁纸人，幼儿可按意愿在瓶子里摆放一个以上的纸人，然后开展操作。

2. 可提供水彩笔，供幼儿在记录单上自己填写数字。

活动 13　它能吹出泡泡吗？

活动目标：通过实验发现能吹出泡泡的材料的共同特点，并尝试记录下来。

适宜年龄：4~5 岁。

活动准备：

1. 经验准备：会玩吹泡泡游戏。

2. 材料准备：泡泡水、八种有小孔和无小孔的物品、记录单、笔、抹布（见图2-5-27）。

图 2-5-27

游戏玩法：

1. 先猜猜记录单上的各种物品哪些能吹出泡泡，哪些不能吹出泡泡，在记录单的"？"一栏里用"√""×"做记录。

2. 取记录单上的第一种物品，将物品的一端在大碗的泡泡水里蘸一下后提起，用嘴巴对准另一端（稍空点距离）吹气，看看是否可以吹出泡泡（见图 2-5-28）。

3. 将实验结果用"√""×"标记记录在第一种物品的"小手"一栏里。

4. 按照同样的方法对物品进行一一实验，并记录下实验结果。

5. 最后对比自己之前的猜测是否正确。

图 2-5-28

活动建议：

1. 在幼儿逐步熟悉游戏后，可提供更多数量的物品供幼儿操作实验。

2. 随着物品数量的增加，记录单也可以做相应的调整。

活动 14　给气球充气

活动目标：尝试用不同工具给气球充气，并记录操作结果。

适宜年龄：4~5 岁。

活动准备：

1. 经验准备：了解给气球充气的基本方法。

2. 材料准备（见图 2-5-29）：

（1）三至五种气筒、大小厚薄不同的气球。

（2）记录单（可提供两种记录单，分别有三种实验物品与五种实验物品）、笔。

图 2-5-29

游戏玩法：

1. 自选一种记录单。

2. 按照记录单上的实验物品图片先使用第一种气筒，将气球的口套在气筒出气口上，一手紧紧捏住气球与气筒出气口的衔接处，一手抽拉气筒的把手进行充气。

3. 将是否成功充气的结果记录在第一个工具下方的格子里，成功就在"拇指朝上"一栏打"√"，失败就在"拇指朝下"一栏打"×"。

4. 按照同样方法对记录单上的所有工具一一操作尝试，并将结果记录下来（见图2-5-30）。

活动建议：

1. 引导幼儿使用球托固定气球，并提供球托和插棒，供幼儿在充气成功后，将气球固定。

2. 可提供不同造型和材质的气球，供幼儿实验，增强操作的趣味性及难度。

3. 可提供更多的充气工具供幼儿选择。

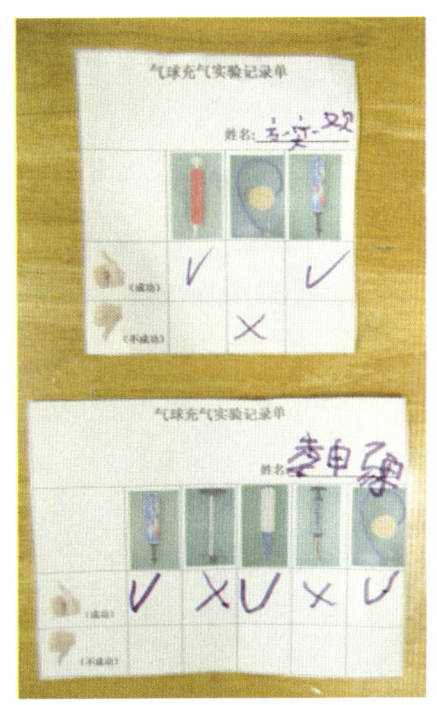

图 2-5-30

活动 15　纸花开花实验

活动目标：通过实验对纸的吸水性有初步了解，并能尝试记录。

适宜年龄：4~5岁。

活动准备：

1. 经验准备：初步认识各种纸张。

2. 材料准备（见图2-5-31、图2-5-32）：

（1）5~6种纸花（卡纸、铅画纸、宣传纸、复印纸、报纸、宣纸）。

（2）纸花缩小图、记录单。

（3）胶棒、一盆水。

图 2-5-31

图 2-5-32

游戏玩法：

1. 将托盘里的所有纸花都拿在手上。

2. 尽可能地同时将纸花散放在水中，注意摆放时不要让纸花叠在一起。

3. 仔细观察每个纸花开放的顺序，按顺序分别将纸花标记摆放在记录单相应的名次旁边的空格里，最后黏贴好（见图2-5-33）。

图 2-5-33

活动建议：

1. 还可提供数字印章和印泥以及另一种印着纸花图片的记录单，供幼儿在观察后用数字记录每个纸花的名次（见图2-5-34）。

2. 还可提供大小相同、材质不同的正方形纸，让幼儿在操作前自行折出纸花，增加趣味性。

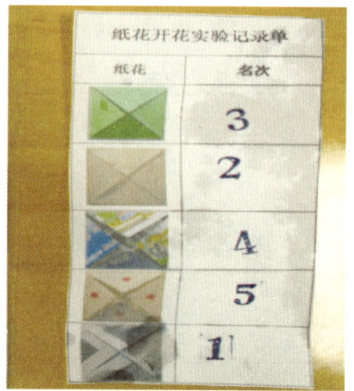

图 2-5-34

活动16　吃什么

活动目标：进一步了解熟悉的或常见的动物的食性，并找出图片正确配对。

适宜年龄：4~5岁。

活动准备：

画有各种动物图片的底板，青草图片若干，肉图片若干，胶棒1个（见图2-5-35）。

游戏玩法：

1. 从上到下依次观察底板上的小动物，判断它是食肉动物还是食草动物，或者是杂食动物。

2. 在食肉动物的边上粘上一块肉，食草动物的边上粘上一把草，杂食动物的边上粘上肉和草（见图2-5-36）。

活动建议：

1. 游戏也可以变化为人类吃什么，如婴儿时期人类喝奶，成人以后也是杂食性。

2. 游戏后期可以增添昆虫吃什么。

图2-5-35

图2-5-36

活动 17　摩擦吸力实验

活动目标：尝试用各种物品在毛衣上摩擦后吸引纸屑，并记录实验结果。

适宜年龄：5~6 岁。

活动准备：

1. 经验准备：知道如何用物品摩擦和吸引纸屑的方法。

2. 材料准备：几种塑料制品和木制品、一盘餐巾纸纸屑、记录单、笔（见图 2-5-37）。

图 2-5-37

游戏玩法：

1. 先猜一猜记录单上的物品经过摩擦后能否吸引小纸屑，将猜测结果记在记录单的"？"一栏里，用"√""×"做记录。

2. 取记录单上的第一种物品，在自己穿的毛衣上用力摩擦，摩擦到感觉该物品有轻微发热后，将物品靠近纸屑，观察纸屑是否被吸起。

3. 将实验结果用"√""×"标记记录在第一种物品下方的"小手"一栏里。

4. 按照同样的方法用其余物品一一实验，并记录下实验结果（见图 2-5-38）。

5. 对比自己之前的猜测是否正确。

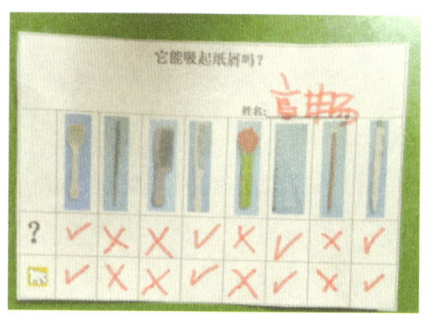

图 2-5-38

活动建议：

1. 还可提供更多的物品及相应记录单，供幼儿选择操作。

2. 如游戏进行时间不是在冬季，则可以给幼儿提供毛料的布，供幼儿摩擦用。

活动18 买水果

活动目标：在购买情境中练习5以内的加法。

适宜年龄：5~6岁。

活动准备：

1. 经验准备：幼儿已经掌握4以内的加法。

2. 材料准备：钱币、水果玩具、小篮子、记录单。

游戏玩法：

1. 拿好记录单、小篮子准备购物（见图2-5-39）。

2. 将购买的东西写在记录单上，并进行运算。

3. 检查哪些加起来是5元和4元。

4. 付钱买水果。

图2-5-39

活动建议:

可以将水果的品种和价格不定期地改变。

活动19 旋转的乒乓球

活动目标:

1. 在操作中对潮湿的塑料垫纸板可以使乒乓球旋转的现象感兴趣。

2. 尝试乒乓球旋转而不掉下来的方法。

适宜年龄:5~6岁。

活动准备:

1. 经验准备:对小实验感兴趣、喜欢旋转的物体。

2. 材料准备:半只乒乓球、塑料垫纸板、湿布。

游戏玩法:

1. 将半只乒乓球放在用湿布擦过的塑料垫纸板上。

2. 两手转动塑料垫纸板,观察乒乓球的旋转,不让乒乓球掉下来(见图2-5-40)。

图2-5-40

活动建议:

1. 一人进行一只或多只乒乓球旋转的玩法。

2. 多人进行旋转乒乓球接力的玩法。

活动 20 制作时钟

活动目标：

1. 能够正确地做出钟面（包含数字、时针、分针、秒针）。

2. 在做出钟面的基础上，能制作台钟、挂钟等各种各样的钟。

适宜年龄：5~6 岁。

活动准备：

1. 经验准备：幼儿初步认识时钟，了解时钟钟面的构成，包括数字、时针、分针和秒针，幼儿已具备使用针线的经验。

2. 材料准备（见图 2-5-41）：

（1）多种颜色的卡纸。

（2）饼干盒等圆形盒子、卷纸筒、夹子。

（3）剪刀、双面胶、勾线笔。

（4）针、线、穿针器等。

图 2-5-41

游戏玩法：

层次一：

1. 选择一张卡纸，绘制时钟的钟面（在绘制圆形的钟面时，可以利用饼干盒等圆形盒子来拓印）。

2. 用剪刀沿轮廓把钟面剪下来。

3. 用勾线笔在钟面上画出数字。

4. 用剪刀和卡纸剪出时针、分针、秒针。

5. 尝试利用针线、双面胶等把时针、分针和秒针固定在钟面上。

层次二：

1. 选择一张卡纸，绘制时钟的钟面（在绘制圆形的钟面时，可以利用饼干盒等圆形盒子来拓印）。

2. 用剪刀沿轮廓把钟面剪下来。

3. 用勾线笔在钟面上画出数字。

4. 用剪刀和卡纸剪出时针、分针、秒针。

5. 尝试利用针线、双面胶等把时针、分针和秒针固定在钟面上。

6. 利用卷纸筒、夹子、折叠成三角形的卡纸来做台钟，或者尝试做挂钟。

活动建议：

还可以引导幼儿尝试画电池等时钟的内部结构。

活动 21　有多远

活动目标：

1. 借助不同材料（纸条、回形针、瓶盖）来测量路线，并进行记录。

2. 感知测量结果与测量材料之间的关系。

适宜年龄：5~6岁。

活动准备：

1. 经验准备：初步了解在测量时所用材料要首尾相接。

2. 材料准备（见图2-5-42）：

（1）多张线路图（每张线路图上有3种不同的线路）以及与线路图相对应的记录单。

（2）测量材料（瓶盖、纸条、回形针），勾线笔。

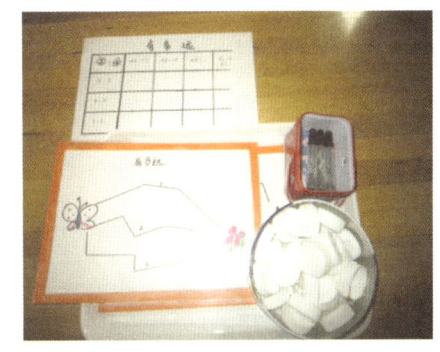

图2-5-42

游戏玩法：

1. 选取一张线路图和相对应的记录单。

2. 用瓶盖、纸条、回形针分别对每一条线路进行测量，并进行记录（见图2-5-43）。

3. 将最远的一条路线标记出来。

图2-5-43

活动22　电子积木

活动目标：借助操作示意图操作电子积木，使得电扇转起来或灯泡亮起来等。

适宜年龄：5~6岁。

活动准备：

1. 经验准备：初步认识电子积木中的材料。

2. 材料准备：电子积木一套（见图2-5-44）。

游戏玩法：

1. 教师向幼儿介绍电子积木中的正负号。

2. 幼儿观察电子积木中的材料，并了解材料摆放的位置。

3. 幼儿借助操作示意图对电子积木进行操作（见图2-5-45）。

图2-5-44

图2-5-45

活动23　拆装小能手

活动目标：

1. 尝试根据螺丝的外形使用不同的工具，用拧、旋转等方法打开玩具等，并将玩具复原。

2. 能使用记录等方式帮助自己记忆拆装的顺序。

适宜年龄：5~6岁。

活动准备：

1. 经验准备：对使用工具感兴趣，参与收集家中不用的玩具等物品。

2. 材料准备：

（1）家中不用的闹钟、收音机、照相机、玩具。

（2）起子、螺丝刀等工具。

游戏玩法：

1. 选择想要拆开的物体。
2. 尝试打开螺丝的工具（见图2-5-46）。
3. 将打开的螺丝放在盘中保管。
4. 仔细观察物品的内部构造。
5. 将螺丝等拧回原处。

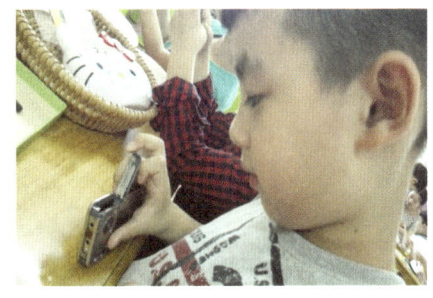

图2-5-46

活动建议：

提供纸笔给幼儿。在拆装的过程中，幼儿可根据拆下零件的多少，将拆下的零件按步骤记录下来，帮助幼儿在组装时在图示的提醒下按顺序进行复原。

活动24　测量水温

活动目标：会用水温计测量不同容器中水的温度，并正确记录结果。

适宜年龄：5~6岁。

活动准备：

1. 经验准备：

（1）会看温度计。

（2）了解记录温度的方法。

2. 材料准备：

（1）贴有红、黄、蓝标记的三个透明塑料盒、三个水温计（见图2-5-47）。

（2）冷冻好的冰袋、记录表、笔（见图2-5-48）。

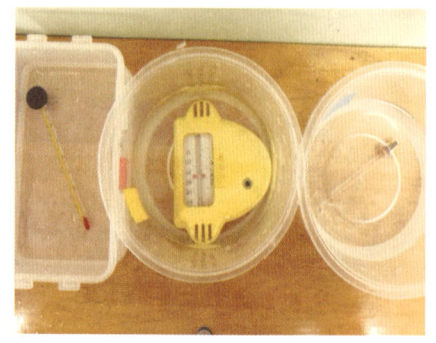

图2-5-47

游戏玩法：

1. 用贴红标记的塑料盒接温水，贴黄标记的塑料盒接自来水，贴蓝标记的塑料盒接自来水后加入冰袋。

2. 将接好水的塑料盒平行摆放在桌上。

3. 将水温计分别放进三个塑料盒里。

4. 稍等一会后，先取出最左边盒子里的水温计，观察水温计上红线最上端指着的数字，正确辨认是多少度后将水温计放回水里。

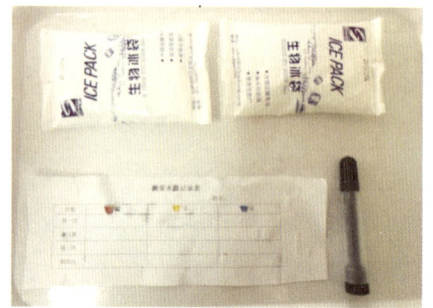

图2-5-48

5. 对照该塑料盒上的颜色标记，在记录表相应标记的"第一次"格子里记录温度（见图2-5-49）。

6. 按照同样的方法测量并记录另外两个盒子里的水温。

7. 再稍等一会，按照以上方法依次读取每个盒子里的水温，并将结果记录在相应标记的"第二次"格子里。

8. 第三次测量与记录的方法同上。

9. 观察记录表上每种颜色标记的水温分别有什么变化，想一想、说一说原因。

图2-5-49

活动建议：

1. 测量前接水的环节，可由教师帮助幼儿共同完成。

2. 为了便于幼儿较为明显地观察到水温的不同和变化，在接水时可将三个容器中的水温调节成较明显的状态，如稍热的温水、自来水、事先放进冰袋的冰水。

3. 三个容器上的标记还可换成其他类型，如数字、图案，或由幼儿自己绘画。

活动25 自制陀螺

活动目标：探索纸陀螺的制作方法，并感知转轴长短和安装位置与旋转的关系。

适宜年龄：5~6岁。

活动准备：

1. 经验准备：会用硬纸板画、剪不同的形状。

2. 材料准备（见图2-5-50、表2-5-1）：

（1）已剪好形状的白色硬纸板、大张的白色硬纸板、火柴棒、牙签。

（2）图钉、剪刀、水彩笔。

（3）记录单。

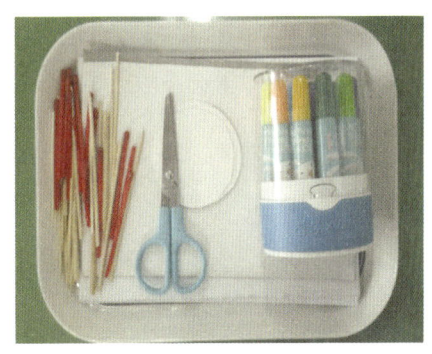

图2-5-50

表2-5-1 做陀螺实验记录表
姓名：

形状	中心点	能转吗	多长时间

游戏玩法：

1. 在硬纸板上画出一种喜爱的形状（不要太大或太小）。

2. 用剪刀沿轮廓将形状从硬纸板剪下。

3. 用水彩笔在剪下的形状纸板上画出喜爱的图案并涂色（见图 2-5-51）。

4. 找出形状纸板的中心点，并用笔点个小点作为记号。

5. 用图钉对准小点戳个小洞。

6. 将形状纸板涂色的那面朝上，用牙签尖头从上向下插进小洞（见图 2-5-52）。

7. 捏住牙签上端尝试转动陀螺，看看能否转动，并在心中默数数字。

8. 在记录单上记录实验结果。

图 2-5-51

图 2-5-52

活动建议：

1. 幼儿还可根据意愿选择已剪好的形状纸板或火柴棒进行制作。

2. 为方便幼儿操作，提供的纸板不宜过硬或过软。

3. 还可提供其他不同粗细、长短的木棒供幼儿选择。

第六节 益智区环境创设策略和活动案例

一、益智区环境创设策略

幼儿天生爱动手操作,常常喜欢摆弄不同类型的物品,而益智区就是一个能够满足幼儿动手操作的地方。益智区包括动手操作的东西、拼图、搜集来的东西、配对游戏,以及幼儿可以拿来在桌子上、地上或柜子上玩的有一定规则的游戏。[1]在创设益智区时,我们可以从以下几个方面来考虑。

首先,充分利用桌面、地面、墙面、柜面等,为幼儿创设一个丰富、有序、开放、自主的环境,让幼儿可以在多维度的空间内选择适合自己的操作材料。例如,在棋类游戏中,我们不仅有桌面棋类游戏,还有墙面棋以及地面跳棋。

其次,注重材料的层次性,以满足不同发展水平幼儿的需要,让每一个幼儿都能在适合自己发展水平的基础上通过操作获得进一步的发展,并能体验到成就感。例如,在七巧板游戏中,我们提供了一些七巧板搭建的图示,发展水平较低的幼儿可以根据图式进行搭建,而发展水平较高的幼儿则可以创造性地使用七巧板搭建物品。

再次,兼顾材料投放的结构性和开放性两大特征,例如,结构性较强的材料包括拼图、匹配、配对、棋类活动等,开放性较强的材料包括七巧板、磁力积木、彩色棒等。

最后,充分尊重幼儿的操作方式,创设自由、安全、接纳的心理氛围。益智区是幼儿动手操作的地方,幼儿会出现"非预期"的操作方式,面对这种情况,我们没有"批评、训斥",而是通过观察、聆听,了解幼儿行为背后的原因和想法,让幼儿感受到自己的想法被尊重,让幼儿可以自由地采取最适合自己的方式来操作材料,而不是在操作材料时还要受到"这样会不会被老师批评"的想法的限制。例如,在我们利用家庭资源

---

1. [美]黛安·翠斯特·道治,劳拉·柯克,凯特·海洛曼. 幼儿园创造性课程:下[M].吕素英,译. 南京:南京师范大学出版社,2006:63.

收集到各种各样的瓶子、彩色棒、多米诺骨牌等益智区材料后，幼儿可以自主改造材料，共同讨论该材料的规则，在这样的过程中，幼儿不仅能够充分调动自己的已有经验，还学会了聆听他人的想法。

二、益智区活动案例

活动1　听听它是谁

活动目标：通过摇动罐子，尝试辨别出不同的声音并寻找图片进行匹配。

适宜年龄：2~3岁。

活动准备：

1. 铁罐子，内装石块、米、沙子、核桃、红豆、蚕豆，并用即时贴包裹起来（见图2-6-1、图2-6-2）。

2. 铁罐子上下两头分别贴有大小不同的实物卡片，配套实物卡片一套，放大镜（见图2-6-3）。

图2-6-1

图2-6-2

游戏玩法：

1. 取一个罐子摇一摇听听声音。
2. 先猜一猜里面装的是什么。
3. 再看看罐子上贴的大图，验证自己的猜测是否正确。
4. 最后取一张图片与罐子配对。

图2-6-3

活动建议：

幼儿还可以取一个罐子摇一摇听听声音，先猜一猜里面装的是什么，再用放大镜看看罐子上贴的小图，验证自己猜测是否正确，最后取一张图片与罐子配对。

活动 2　小弹珠走迷宫

活动目标：尝试手执盒子滚动弹珠，将弹珠从迷宫的起点滚到终点。

适宜年龄：2~3 岁。

图 2-6-4

活动准备：

大小不同的纸盒、粗细不同的吸管、双面胶、弹珠（见图 2-6-4）。

游戏玩法：

1. 将弹珠摆放在迷宫的进口处。

2. 双手抓着盒子（盖子）的两边（见图 2-6-5）。

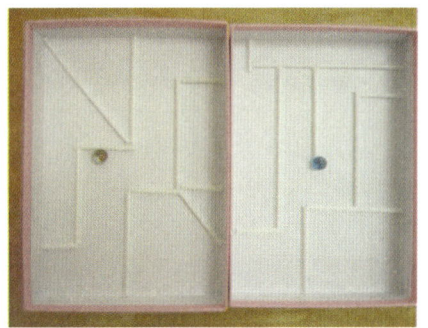

图 2-6-5

3. 左右上下摆动盒子，让弹珠从起点按照正确路线滚到终点。

活动建议：

教师可提供难易不同、吸管粗细不同的两种材料供幼儿选择（见图 2-6-6）。

图 2-6-6

活动 3　小动物吃什么

活动目标：尝试按照瓶子上的小动物找到相应的食物瓶盖，并拧起来。

适宜年龄：2~3 岁。

活动准备：
各种大小高矮不同的有盖子的瓶子、小动物和食物图片（见图 2-6-7、图 2-6-8）。

游戏玩法：
1. 取一个瓶子。
2. 尝试按照瓶子的特征，以及瓶子上贴的小动物图片，找到正确的食物瓶盖。
3. 将瓶子与盖子拧起来。

活动建议：
拧好后说一说瓶子上是什么动物，吃的是什么。

图 2-6-7

图 2-6-8

活动 4　小瓶盖排队

活动目标：尝试按照提示图将两种或三种颜色的小瓶盖挨个排列。

适宜年龄：2~3 岁。

活动准备：

1. 各种小瓶盖，红、黄、蓝色即时贴（见图 2-6-9）。

2. 画有圆形轮廓的图案底板（一种有颜色排列暗示图，一种空白）（见图 2-6-10）。

图 2-6-9

游戏玩法：

1. 自选一张画有颜色排列暗示图的底板（见图 2-6-11）。

2. 按照相同排列方式及对照小图将小瓶盖继续排列在小圆轮廓内。

图 2-6-10

活动建议：

自选一张画有空白图的底板，对照小图尝试将小瓶盖一个挨着一个排列在小圆轮廓内（见图 2-6-12）。

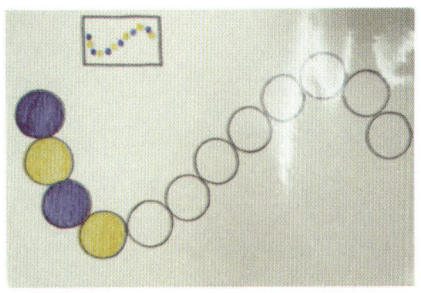

图 2-6-11

活动 5 帮花儿小树找朋友

活动目标：能将钓上来的花与树卡片按不同特征（颜色、大小、高矮、有无果子）分类。

适宜年龄：3~4 岁。

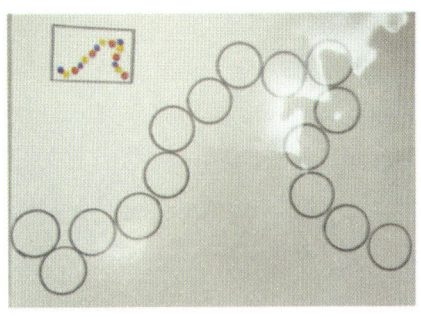

图 2-6-12

活动准备：

1. 经验准备：

（1）认识各种特征标记。

（2）能辨别事物的明显特征。

2. 材料准备：

（1）拴有磁铁的钓竿、大纸盒。

（2）大小和颜色不同的花朵图片、高矮及有无果子的小树图片（别着回形针）。

（3）贴有各种标记的小筐（同类标记的筐黏在一起）。

游戏玩法：

1. 两名幼儿面对面跪在大纸盒两边，各自选择一种类别的标记筐，摆放在自己的面前。

2. 根据自己面前的小筐上的标记，找到大盒子中相应特征的花或树卡片。

3. 将钓竿上的磁铁靠近卡片上的回形针，将之吸起（见图2-6-13）。

图2-6-13

4. 将钓竿上的卡片移动到自己的面前，取下，按特征分类摆放在相应的小筐里（见图2-6-14）。

5. 用此方法重复操作，直至将大盒子中的卡片全部钓完并分类。

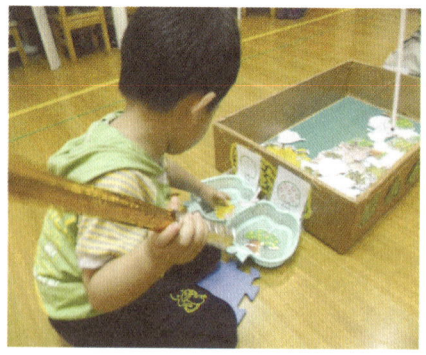

图2-6-14

活动建议：

1. 也可将花朵与小树的卡片混装在一个大纸盒里，让幼儿共同操作。

2. 操作人数较少时，一名幼儿也可选择一个以上的标记筐用来分类卡片。

活动6 这是谁的蛋宝宝

活动目标：能将动物与蛋连线配对，巩固对各种蛋的认识。

适宜年龄：3~4岁。

活动准备：

1. 经验准备：

（1）认识常见家禽及其他动物的蛋。

（2）能将毛根穿进小洞。

2. 材料准备：贴有动物与蛋小图的底板（打有小洞）、毛根。

游戏玩法：

1. 取一根毛根，并将一头从上往下插进一种动物图片旁边的小洞里。

2. 观察底板左边各种蛋的图片，找到插着毛根的图片上动物的蛋。

3. 将毛根的另一头从上往下插进找到的蛋旁边的小洞。

4. 将底板下部的毛根两头分别拉直，并贴近底板折起来。

5. 按照以上方法，用毛根将底板上的每个动物与它的蛋连线（见图 2-6-15）。

活动建议：

1. 可提供一些常见的哺乳动物及它们宝宝的图片，打乱顺序贴在底板上，让幼儿进行认识并玩一玩"这是谁的宝宝"的配对游戏。

2. 可提供一些尾巴区别较为明显的动物与它们尾巴的图片，打乱顺序贴在底板上，让幼儿进行认识并玩一玩"这是谁的尾巴"的配对游戏。

图 2-6-15

活动 7　针筒运水

活动目标：练习抽、推的动作，感知科学实验现象。

适宜年龄：3~4 岁。

活动准备：

1. 经验准备：吸管运水。

2. 材料准备：针筒、废旧饮料瓶、抹布（见图 2-6-16）。

图 2-6-16

游戏玩法：

1. 取水。

2. 将活塞推到底部，将针头放入水中。

3. 一只手抓住针管，一只手将活塞往外拉。

4. 将水装满后，一只手握住针管，一只手将活塞往里推，直到把水全部挤掉。

5. 反复操作，直到将水运完。

活动建议：

1. 可提供大小不一的针筒，让幼儿感受抽推力度的不同。

2. 可两两比赛运水。

活动 8　动物吃什么

活动目标：

1. 知道各种动物爱吃的食物。

2. 将食物喂进相对应的动物的嘴巴里。

适宜年龄：3~4 岁。

活动准备：

1. 经验准备：会用镊子。

2. 材料准备：纸箱、动物头像、相对应的食物图片、盘子、镊子（见图 2-6-17）。

图 2-6-17

游戏玩法：

1. 取出盘子的食物卡片，并说出其名称。

2. 将食物卡片送进相对应的动物嘴巴里。

3. 边送边说:熊猫爱吃竹子。以此类推。

活动建议:

如果幼儿不会用镊子,也可以用手。

活动 9　吃的穿的,玩的用的

活动目标:能根据图标将筐中的图片进行分类。

适宜年龄:3～4 岁。

活动准备:

1. 经验准备:认识图片中的服装、食物、玩具、生活用具。

2. 材料准备:服装图片、玩具图片、生活用品图片、食物图片若干,分类大卡一张,分类图标四个,小筐一个(见图 2-6-18)。

图 2-6-18

游戏玩法:

1. 幼儿在图片筐中拿一张图片,说说这是什么,是干什么用的。

2. 对应底板上的图标,并把它放到所属的图标后面。

活动建议:

可以和同伴共同进行此游戏。一人抽出来说一说,分一分,另一人帮助查看是否正确。

活动 10　小蛇多多送水果

活动目标:能根据水果的特征(果肉、果核)与水果进行匹配。

适宜年龄:3~4 岁。

活动准备:

1. 经验准备:能一格一格地走棋子,根据图标从起点方向向终点方向前进。

2. 材料准备:自制小蛇多多棋、水果部分与整体的图片。

游戏玩法:

1. 找到起点或终点。

2. 抛骰子,看点数从小蛇的方向往蛇妈妈的方向前进。

3. 遇到横切面图片或果核图片能拿出水果完整图片进行匹配,说:"××宝宝,你的妈妈是××。"(见图 2-6-19)

4. 遇到完整的水果图片时,在盒中找到种子图片和果肉图片,并说:"××妈妈,这是你的宝宝。"

图 2-6-19

活动建议：

此游戏可一人进行，如幼儿有能力可两人进行。

活动 11　放大镜

活动目标：能用放大镜辨认缩小的图片，并与大图配对。

适宜年龄：4~5 岁。

活动准备：

1. 经验准备：会使用放大镜。

2. 材料准备：长条 KT 板、大小夹子、放大镜、冬天相关大图、贴着配套缩小图的方块 KT 板（见图 2-6-20、图 2-6-21）。

图 2-6-20

图 2-6-21

游戏玩法：

1. 用两个大夹子夹在长条 KT 板的下面长边，将板立在桌面上。

2. 从大筐里取出冬天的大图，用小夹子一一并排夹在 KT 板上面的长边。

3. 从大筐里取出贴着小图的方块 KT 板，将之图片朝上，一一平放在桌面上。

4. 观察 KT 板最左边的大图，记住图上的事物特征。

5. 用放大镜一一观察小图，找出与大图相同的那一块，将其对应摆放在大图下方。

6. 按同样方法依次找出每个大图的配套小图，并对应摆放（见图2-6-22）。

活动建议：

1. 游戏中的图片可根据季节、教学主题进行调换。

2. 图片画面的复杂程度可根据幼儿的实际发展水平决定。

图2-6-22

活动12　瞬间记忆

活动目标：能在短时间里记住同伴出示的图片，并将相同图片按相同位置摆放。

适宜年龄：4~5岁。

活动准备：

1. 经验准备：能根据图片特征找出相同图片。

2. 材料准备：KT板（上面有标好数字的10个插袋）、两套秋天的相关图片（见图2-6-23）。

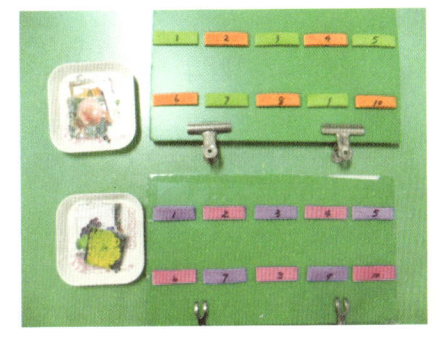

图2-6-23

游戏玩法:

1. 两名幼儿面对面坐在桌子两边,各取一块 KT 板,并将插袋那面对着自己。

2. 一幼儿先取一张图片,任意插在一个插袋里,反过去给对面幼儿看一下,数三声后转回来。

3. 另一幼儿根据看到的图片回忆特征,并找出相同图片,插在相同号码的插袋里。插好后将 KT 板转过去给对面幼儿检查是否正确(见图 2-6-24)。

4. 用此方法直至将全部图片插完。

图 2-6-24

活动建议:

1. 幼儿操作的图片可根据季节和教学主题进行调换。

2. 游戏中的部分规则可由幼儿自行决定,如,谁先插谁记忆、图片摆放位置有序或无序等。

活动 13 秋天的倒影

活动目标:能根据底板中的物体或影子,找出相应的影子和物体图片,正确摆放在相应位置。

适宜年龄:4~5 岁。

活动准备：

1. 经验准备：知道影子是倒着的。

2. 材料准备：秋天的景色底板、配套影子（包括完整形状与分割的形状）、各色卡纸剪成的鱼的图片（见图 2-6-25）。

图 2-6-25

游戏玩法：

1. 根据底板中鱼的影子形状，找出相应的小鱼卡片，按轮廓覆盖在影子上。

2. 根据底板上平行排列的一种物体造型，找出轮廓特征相同的影子卡片，将其与底边相贴，摆放成倒影。

3. 如找到的某个物体的影子是被分割开的其中一半，则需要找出相同的另一半，按同样方法摆放在一起，组合成完整倒影。

4. 找出白云的影子卡片，倒着摆放在同一垂直线的下半部分。

5. 按照以上方法找出底板上所有物体的影子，并正确摆放（见图 2-6-26）。

图 2-6-26

活动建议：

1. 底板上表现的季节与物体造型可根据不同情况进行调整。

2. 完整与分割的影子卡片数量比例，可根据幼儿发展情况决定。

3. 影子卡片分割的块数与形状，可根据幼儿实际情况决定。

活动 14　泡沫拼图

活动目标：

1. 选择泡沫框与图形相对应的形状组合成拼图。

2. 拼图完成后检查每块图形相对应的数字是否一致。

适宜年龄：4~5 岁。

活动准备：

经验准备：拼过简单的动物图形拼图。

材料准备：泡沫拼图、泡沫框子若干（见图 2-6-27）。

图 2-6-27

游戏玩法：

1. 在盒子里选择相同数字的泡沫图形。

2. 选择与泡沫图形相对应的泡沫框子。

3. 根据已经选择好的泡沫图形和泡沫框子进行拼图，要求拼出的泡沫图形与泡沫框子相吻合，并检查图形背后的数字是否一致（见图 2-6-28）。

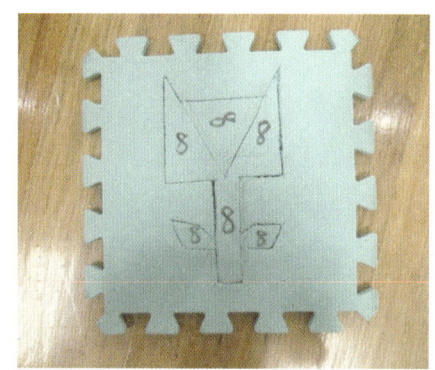

图 2-6-28

活动建议：

在幼儿熟悉后，可将拼图后面的数字去除，增加游戏的难度。

活动15 薯片罐棋

活动目标：两两合作，用薯片罐子自由摆放棋路，竞赛下棋。

适宜年龄：4~5岁。

活动准备：

1. 经验准备：

（1）能将薯片罐子连接摆放成不同棋路。

（2）知道进退标记的含义。

2. 材料准备：高矮不同的薯片罐子（个别盖子上标有进退标记）、骰子、棋子。

游戏玩法：

1. 两名幼儿协商合作，先将一个较矮的薯片罐子摆放在最前面作为起点。

2. 按共同意愿，将其余较高的薯片罐子摆放成想走的路线。

3. 将另一个较矮的薯片罐子摆放在最后作为终点（见图2-6-29）。

4. 由一人先掷骰子，掷到几就从起点开始，用棋子在薯片罐子上面走几步后停下。

5. 换另一人掷骰子走棋。

6. 当走到贴有进或退标记上时，需按照标记提示行进或后退不同步数。

7. 按此方法轮流掷骰子走棋，最先到达终点的为胜。

图2-6-29

活动 16　梦想城堡

活动目标：能根据图示将提供的材料进行拼装。

适宜年龄：4~5岁。

活动准备：

1. 经验准备：喜欢看图进行拼搭。
2. 材料准备：6块不同形状的积木，自制用这些积木拼搭好的不同层次难度的城堡图，反面是拼搭步骤图。

游戏玩法：

1. 选择自己能够胜任的图片。
2. 边看图片边进行拼搭（见图2-6-30）。
3. 不会时可翻看卡片反面的拼搭步骤。

图 2-6-30

活动建议：

幼儿可以根据自己的情况选择不同难度的图片。遇到难度高而不能解决的，可以看背后的拼搭步骤图。

活动 17　墙面棋《三只小猪》

活动目标：

1. 巩固对进退标记的理解和掌握。

2. 通过与同伴下棋，增强合作意识和规则意识。

适宜年龄：4~5岁。

活动准备：

1. 经验准备：知道红色盒子代表前进，绿色盒子代表后退。

2. 材料提供：纸盒若干（粉色盒、红色盒、绿色盒），进退标记贴共7个，房子标记贴1个，棋子一副，骰子一个（见图2-6-31）。

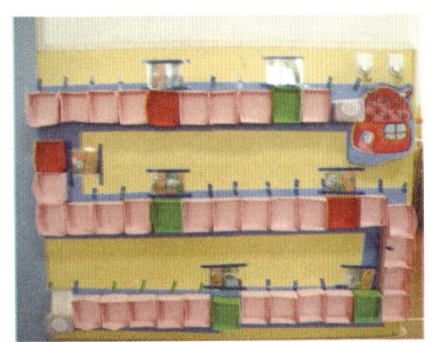

图2-6-31

游戏玩法：

1. 幼儿轮流掷骰子，按照骰子数行棋。

2. 幼儿一人掷一次骰子，当一个人行棋时，另一个人观看同伴下棋。

3. 幼儿根据进退的标记将棋子放置在相应的格子里（见图2-6-32）。

4. 两名幼儿在行棋过程中，尝试点数1、2、3、4、5、6……

5. 在右上角有一个房子的标记，表示"家"。

6. 两名幼儿谁先到"家"，就算谁赢，得冠军。

图2-6-32

活动建议：

1. 当幼儿熟悉进退标记并掌握后，增加"停一次"和"连一次"的停连标记。

2. 当幼儿走到停连标记时，需要按照提示行棋，同伴之间可以相互监督和提醒。

活动18 我的房间在哪层

活动目标：尝试看门牌号找到对应的房间在哪层，巩固对6以内序数的认识。

适宜年龄：4~5岁。

活动准备：

1. 经验准备：认识6以内的序数。

2. 材料准备：纸板做成的楼房2个（见图2-6-33）；楼房的每层用压膜纸压膜后裁成长条形，贴在每个楼层上，以便幼儿将照片插在楼层上；班级幼儿的照片若干，照片后写有幼儿的楼层号码（见图2-6-34）。

图 2-6-33

游戏玩法：

1. 取出一名幼儿的插牌，观察插牌背后的号码所表示的含义。

2. 根据插牌后的号码，找到相对应的房间，并将该幼儿的插牌插入相应的房间中。

3. 活动结束后将插牌放回盘子里。

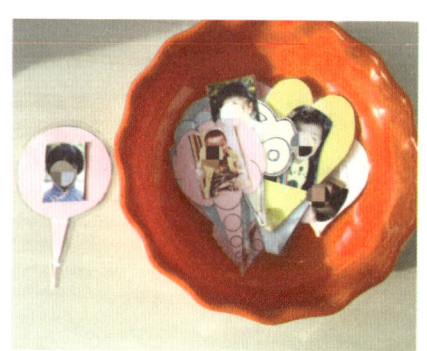

图 2-6-34

活动建议:

根据幼儿已有的水平,可增加楼层房间的数量及插牌幼儿的数量。

活动 19　地垫棋《小猫钓鱼》

活动目标:

1. 能尝试和同伴一起铺设棋路。
2. 能够和同伴合作下棋,加强规则意识。

适宜年龄:4~5 岁。

活动准备:

1. 经验准备:会用地垫铺设棋路,具有一定的合作能力和意识。
2. 材料提供:深蓝、浅蓝垫子若干;起点、终点标记贴各一个;进退标记贴共四个;大骰子两个(见图 2-6-35)。

图 2-6-35

游戏玩法:

1. 幼儿和同伴一起用地垫铺设出棋路。
2. 幼儿在铺设棋路的过程中,注意将两块地垫拼接在一起。
3. 幼儿与同伴商量着摆放出起点、终点、进退标记贴(见图 2-6-36)。

图 2-6-36

4. 幼儿和同伴一起，一个人掷骰子，一个人当棋子，在地垫上走。

5. 幼儿合作下棋，培养谦让合作的意识。

6. 当幼儿走到进退标记的地方时，按照标记前进或后退。

7. 当棋子的幼儿走到终点后，和另一名交换，帮同伴掷骰子。

8. 幼儿继续游戏，感受合作游戏带来的快乐。

活动建议：

1. 两名幼儿都当棋子，通过"石头剪刀布"决定谁先掷骰子，按照自己掷的骰子数行棋，谁先到达终点即为获胜者。

2. 两组幼儿同时进行地垫棋的游戏，铺设出两条棋路，每组派一名幼儿当棋子，另一名同伴掷骰子，同时从起点出发后，哪一组幼儿先到达终点即获得胜利。

活动 20　小动物进笼子

活动目标：通过制作，发现快速转动会产生两种物体叠加的视觉效果。

适宜年龄：5~6 岁。

活动准备：

1. 经验准备：会绘画笼子与各种动物的简单造型。

2. 材料准备：各种不同大小和造型的笼子轮廓图、裁好大小的白纸、水彩笔、双面胶、吸管、剪刀（见图2-6-37）。

图 2-6-37

游戏玩法：

1. 选择一种笼子的轮廓图，用剪刀沿轮廓线剪下。

2. 根据笼子的大小，选择大小合适的白纸，画出想要进笼子的动物轮廓，涂上颜色并沿线剪下（见图2-6-38）。

3. 将笼子与动物图片空白面相对，分别黏贴在吸管的两边。

图 2-6-38

4. 用手掌握住吸管下部，前后快速搓动，出现"小动物进笼子"的有趣现象（见图2-6-39）。

活动建议：

1. 笼子的轮廓图也可由幼儿自由绘画。

2. 还可提供其他场景轮廓图及相关事物形象，请幼儿绘画、制作"某某东西进哪里""谁谁到哪里"（如小朋友到公园）。

图 2-6-39

活动 21　找座位

活动目标：根据卡片上的横、纵坐标以及颜色的提示找到中心点并进行摆放。

适宜年龄：5~6 岁。

活动准备：

1. 经验准备：有看电影找座位的经验，知道横排、竖排。

2. 材料准备：

层次一：瓶盖、坐标板、地垫、坐标卡（只标明横坐标与纵坐标）。

层次二：瓶盖、坐标板、地垫、坐标卡（除标明横坐标与纵坐标外，还有进退标记）。

游戏玩法：

1. 取层次一坐标卡，根据上面的字母与数字找到位置，将瓶盖摆放在上面。

2. 取层次二坐标卡，先根据上面的字母与数字找到位置，再根据进退标记与数字找到最终位置（见图 2-6-40）。

图 2-6-40

活动建议：

为了增加游戏性，可以让幼儿在瓶盖上设计小动物的标志，或其他孩子喜欢的形象。

活动 22　环游中国

活动目标：幼儿用地面棋进行合作游戏。

适宜年龄：5~6岁。

活动准备：

1. 中国地图的轮廓，并在上面标出 21 个特征鲜明的城市位置，以红、蓝两色箭头区分成两条环游路线（见图 2-6-41）。

2. 每个城市旁边画有方框，用来摆放对应的特征图片（见图 2-6-42）。

游戏玩法：

1. 两人同时站在起点，用"剪刀石头布"的方法开始游戏。

2. 赢的人选择路线前进一步。

3. 读出城市名称并选择相应的图片进行配对。

4. 先走完一圈回到起点者获胜。

活动建议：

走完一圈之后，两个小朋友可以根据教师提供的"答案"互相检查（见图 2-6-43）。

图 2-6-41

图 2-6-42

图 2-6-43

活动 23　警察抓小偷

活动目标：尝试利用房屋、警车，采取不同的围合策略抓住小偷。

适宜年龄：5~6 岁。

活动准备：

1. 经验准备：喜欢玩"警察抓小偷"游戏、喜欢各种组合摆放。

2. 材料准备：教师事先设计好几个线索图（坐标卡），如第几行第几列；有行和列格子的底板图，在上面有一些自制的小楼房、小树等装饰物；代表小偷的材料几个，如瓶盖等（见图 2-6-44）。

图 2-6-44

游戏玩法：

1. 幼儿选取一张坐标卡，按照上面的要求在底板图上找到相应的位置，并放一个瓶盖表示在这里抓到了一个小偷（其他人可以用坐标卡验证是否抓对了）。

2. 幼儿可以事先将代表小偷的材料，放在底板图的位置上，然后请人来画线索图，找到小偷的位置。

活动建议：

在幼儿熟悉游戏的玩法后，可增加难度。

将楼房、树都添加进去，根据坐标将它们布置在小偷的周围，起到围堵作用，不让小偷跑走。

活动 24　平衡棒

活动目标：尝试用彩色棒排序及逐层至高，锻炼耐心和平衡能力。

适宜年龄：5~6 岁。

活动准备：

1. 经验准备：会将彩色棒按照一定规律进行排序。

2. 材料准备：彩色棒、小象积木、托盘（见图 2-6-45）。

图 2-6-45

游戏玩法：

1. 幼儿在桌面上将彩色棒进行排序。

2. 幼儿小心地将彩色棒一个一个放在小象积木的身上，保持平衡（见图 2-6-46）。

3. 幼儿按照一定的规律进行摆放，如红色—绿色—红色—黄色……（见图 2-6-47）

4. 幼儿将所有的彩色棒依次放在小象积木的身上。

5. 幼儿将彩色棒一根一根地取下来，放在托盘里。

图 2-6-46

图 2-6-47

活动 25　生肖接龙

活动目标：

1. 能自由选择 2~3 人一组进行棋类活动。

2. 能共同遵守游戏规则。

适宜年龄：5~6 岁。

活动准备：

1. 经验准备：了解十二生肖，并知道它们的排序。

2. 材料准备：生肖棋、骰子、棋子。

游戏玩法：

1. 2 人根据棋路进行下棋（见图 2-6-48）。

2. 3 人根据规则进行轮流下棋。

3. 每人一枚棋子下棋。

4. 每人 2~3 枚棋子下棋。

图 2-6-48

活动建议：

初次开展生肖接龙游戏时，可 2 人参加，每人用 1 枚棋子游戏，等到幼儿逐步熟悉游戏玩法和规则后，可 2 人以上的幼儿参加，每人用 2~3 枚棋子游戏。

活动 26　狼羊赛跑

活动目标：能够和同伴共同商量设计并搭建出通向狼堡的路径，尝试用不同的吹气量将小球吹到狼堡。

适宜年龄：5~6 岁。

活动准备：

1. 经验准备：进行过狼和七只小羊的绘本教学，对灰太狼和喜羊羊的故事情节感兴趣。

2. 材料准备：长条形积木若干、自制小纸球两只、狼堡标志一个。

游戏玩法：

1. 选用自己喜爱的路线（圆形或其他）。

2. 用积木或不同颜色的豆子排列好跑道（见图 2-6-49、图 2-6-50）。

3. 每人各选一个自制的小纸球放在路线的入口处。

4. 用"剪刀石头布"的方法，决出谁先吹自己的小纸球。

5. 先将纸球吹到终点的为胜。

活动建议：

两人或多人共同搭建通往狼堡的路；将制作好的小纸球放在狼堡门口，用嘴吹动小纸球，看哪只小纸球跑得快，先到终点为胜，被追上的表示被抓住判输。

图 2-6-49

图 2-6-50

活动 27　南京一日游

活动目标：

1. 掌握游戏规则，能够将图片匹配成功。

2. 在竞赛中加强对南京风景名胜的了解。

适宜年龄：5~6 岁。

活动准备：

1. 经验准备：认识南京的风景名胜。

2. 材料准备：标有风景区的地图、相匹配的风景图片（背面分红、蓝两色）、骰子。

游戏玩法：

1. 选择红、蓝图片。

2. 掷骰子，谁的点数大就将自己喜欢的地方摆上图片（见图 2-6-51）。

3. 谁先将自己的图片全部摆完，谁就获胜。

图 2-6-51

活动建议：

1. 可以再请一名小朋友做裁判。

2. 根据幼儿能力，可添加文字。

活动 28　奥运棋

活动目标：能根据棋路上的各种奥运项目图片提示行棋。

适宜年龄：5~6岁。

活动准备：

1. 经验准备：

（1）认识各种奥运项目。

（2）能看懂图片上的提示标记。

2. 材料准备：宜家围巾整理架、奥运项目图片、进退标记、带挂钩的棋子。

游戏玩法：

1. 两人各持一枚棋子，由一人先掷骰子，并按数字从起点开始走棋。

2. 当走到某个圆圈时，将棋子上的挂钩挂在圈上。

3. 换另一人掷骰子走棋，并将棋子固定在圆圈上。

4. 如走到贴有奥运图片的圆圈时，需按照图片上的提示，行进或后退。

5. 优先走到终点的为胜利（见图2-6-52）。

图 2-6-52

活动建议：

1. 圆圈中的奥运项目图片及行棋提示标记，还可由幼儿自行绘制。

2. 可将圆圈中的图片更换为其他活动场景。

第七节　运动区环境创设策略和活动案例

一、运动区环境创设策略

运动是身心发展过程中，一个人成长为"完整人"的重要组成部分，而且发育良好的身体有助于幼儿其他领域的学习与发展。所以，我们设置了运动区。在设置运动区时，主要从以下几个方面考虑。

首先，运动区一般设置在紧邻教室外的走廊、睡房等较宽阔的场地，这样既有助于充分开展活动，也不容易影响其他区域游戏的开展，避免了全体幼儿都在活动室活动的现象。试想如果运动区设置在活动室，势必会影响语言区等需要安静环境的区域游戏的开展。同时，在具体设计活动区游戏时，我们还会根据该游戏的性质，因地制宜、综合考虑，进行总体规划与布局，例如，"民族娃娃打保龄球"的活动需要较长的场地，我们就将此设置在教室外的走廊；又如"小鞭炮"的活动需要对面没有人，免得幼儿在扔小鞭炮的时候碰到他人，我们就将此安排在睡房，充分利用两排床之间的距离。但有时对于大年龄的幼儿，我们也会根据该班级教室的位置将其放置在靠近教室的户外活动场地，不仅能为幼儿提供更广阔的运动空间，也有助于教师观察，例如"炸油条"的活动，由于该班就在一楼，而且幼儿是 5~6 岁的幼儿，所以，教师将其放置在户外场地，使幼儿有机会尝试两两结伴合作，连续在垫子上翻滚越过障碍物。

其次，由于运动区不如户外活动场地宽阔，所以，运动区的设置要具有安全性。幼儿的年龄还较小，往往在运动的过程中专注于活动的开展而忽略危险的存在，所以，我们在设计运动区游戏时不仅要考虑幼儿的兴趣和发展目标，还要考虑该游戏的安全性以及该游戏放置的场地，来确保幼儿的身体免于受到伤害。

最后，与室内晨间锻炼相比，运动区活动的运动量会小一些，但也能满足幼儿一定的活动量和身体发展的需要，同时还会与语言区、益智区等活动区的发展目标相互融合，使得幼儿在锻炼身体的过程中，也能深化已有的经验或者获得一定的新经验。例如，"帮花籽找新家"的活动,目标为"能以走迷宫的形式,将花籽图片送到它的新家",在操作中,幼儿需要说说诗歌中的句子,不仅有助于发展幼儿在走迷宫时控制身体的能力,还有助于发展幼儿的语言表达能力;又如,"水果找家"的活动,目标为"能越过所有障碍,将水果卡片送到相应颜色的家里",不仅有助于发展幼儿身体的协调能力,还能发展幼儿匹配的能力。

二、运动区活动案例

活动1 水果找家

图 2-7-1

活动目标:能越过所有障碍,将水果卡片送到相应颜色的家里。

适宜年龄:2~3岁。

活动准备:

1. 苹果、香蕉、橙子、西瓜等水果图片若干。
2. 拱门、垫子、圈、小型障碍物。

游戏玩法:

1. 幼儿从拱门的起点处任意取一张水果图片(见图 2-7-1)。

图 2-7-2

2. 钻拱门、跳圈、跨越障碍物、爬垫子(见图 2-7-2)。
3. 把水果送到相应颜色的家里(见图 2-7-3)。
4. 送完后从旁边走回起点,继续游戏。

图 2-7-3

活动建议:

教师可根据班级空间和幼儿发展特点调整运动器械。

活动 2　打野兽

活动目标:用沙包投掷垒高的罐子,将罐子打倒。

适宜年龄:2~3岁。

活动准备:

贴有几种野兽图片的奶粉罐子。

游戏玩法:

1. 站在起点线后,用沙包投掷贴着野兽图片的罐子,将罐子打倒(见图2-7-4)。

2. 罐子全部打倒后,尝试垒高,重新游戏。

图 2-7-4

活动建议:

若幼儿垒高有难度,可从5层降低难度为2~3层,再逐渐递增。

活动 3 小鞭炮

活动目标：练习向上扔的动作，锻炼手臂力量，发展上肢与身体协调能力。

适宜年龄：2~3 岁。

图 2-7-5

活动准备：

1. 经验准备：幼儿会抛物体。
2. 材料准备：自制小鞭炮、篓子（见图 2-7-5）。

游戏玩法：

1. 在篓子里取出一个小鞭炮。
2. 用力地将小鞭炮抛向空中（见图 2-7-6）。
3. 眼睛关注小鞭炮，看看小鞭炮到哪里去了。
4. 轻轻走过去，将小鞭炮捡起来。
5. 再次抛出小鞭炮。
6. 游戏结束后，幼儿将小鞭炮收拾到篓子里。

图 2-7-6

活动建议：

幼儿听指令完成任务，增添篓子、塑料圈等材料。如：请把小鞭炮扔到篓子里，请把小鞭炮扔到塑料圈里。

活动4 迷宫——帮花籽找新家

活动目标：能以走迷宫形式，将花籽图片送到它的新家。

适宜年龄：3~4岁。

活动准备：

1. 经验准备：学习过语言活动"两颗花籽找新家"。

2. 材料准备：大泡沫垫（贴有迷宫图及雪山、大海、沼泽、沙漠、大草地、小草地等图片）、完整的大小花籽图片、分割成2~6块不等的大小花籽图片若干（用夹子夹好）（见图2-7-7）。

图2-7-7

游戏玩法：

1. 任意取一张花籽图片，从起点处开始走迷宫。

2. 在黄线中间的红色小路上走，边走边寻找通往该花籽新家的合适通道。

3. 当走过一些场景图时，可说说诗歌中的相关句子。

4. 走到终点后，根据"新家"（草地）图片大小验证走得是否正确。如取的是相同特征的花籽图片，即摆放在上面；如花籽图片大小与草地图片大小特征不符，则重回起点开始走，直至找对"新家"（见图2-7-8）。

图2-7-8

5. 按以上方法，将所有花籽图片都送到它的新家去。

6. 如在起点处取的是被分割的花籽图片，则需在终点处的地垫上打开夹子，将所有分割的小图拼成完整图片（见图 2-7-9）。

活动建议：

1. 迷宫的场景和图片，还可根据其他故事来设置。

2. 根据场地大小，还可设置其他运动项目与迷宫相结合。

图 2-7-9

活动 5　蝴蝶找花

活动目标：能通过所有障碍，帮蝴蝶找到相同颜色的花。

适宜年龄：3~4 岁。

活动准备：

1. 经验准备：

（1）认识三原色。

（2）能分辨图片上物体的大小特征。

2. 材料准备：装饰过的跳圈 3 个、自制小树 3 个、磁板（贴有红黄蓝三色花的图片）、红黄蓝三色蝴蝶图片由大到小各 5 个（贴有磁铁）。

游戏玩法：

1. 取一张蝴蝶图片，从起点处依次跳过圈、绕 S 弯穿过树林，来到画板前（见图 2-7-10）。

2. 将蝴蝶贴在画板上相同颜色花的后面，之后从旁边返回起点。

3. 用同样方法为所有蝴蝶图片都找到花儿朋友。

4. 将每种颜色的蝴蝶按从大到小的顺序排列（见图 2-7-11）。

活动建议：

1. 游戏进行一段时间后，可增加蝴蝶的数量（均有大小区分）。

2. 还可提供其他物体及其他特征的图片，让幼儿匹配与排序。

3. 根据场地空间，还可设置其他运动项目。

图 2-7-10

活动 6　送萝卜回家

活动目标：能用双脚向前跳的方法，将萝卜按颜色、大小送到对应的图标筐中。

适宜年龄：3~4 岁。

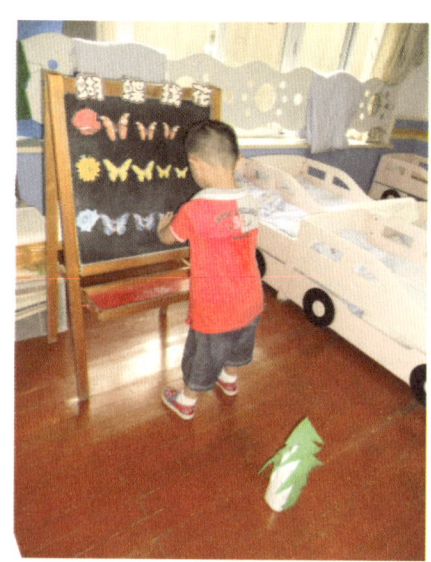

图 2-7-11

活动准备：

1. 经验准备：认识图片中的服装、食物、玩具、生活用具。

2. 材料准备：塑料圈、小兔头饰、大小颜色等标记（见图2-7-12）。

游戏玩法：

1. 在起点处拿起一张萝卜卡片，双脚行进跳到终点盒子处，根据颜色、大小图形标记送萝卜回家。

2. 在起点处拿起一张萝卜卡片，双脚行进跳到终点盒子处，根据颜色、大小、颜色加大小图形标记送萝卜回家。

活动建议：

对于小班幼儿来说最好分成两个路径，一条路径是按单一目标（颜色或大小）送萝卜回家，另一条路径是按颜色和大小的双重条件送萝卜回家。

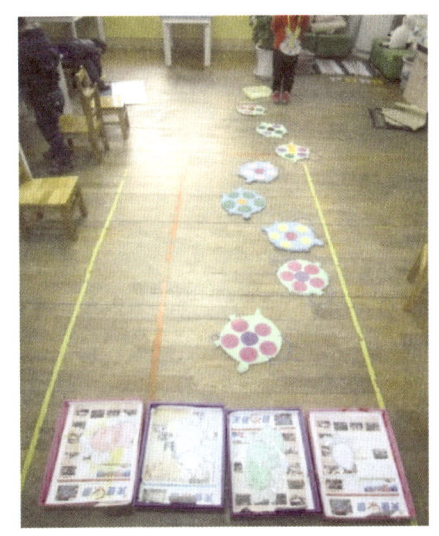

图 2-7-12

活动7　小马运粮

活动目标：能在较低矮的梅花桩上走一段距离，勇敢地走过高矮不同的小桥，完成送粮的任务。

适宜年龄：3~4岁。

活动准备：

1. 经验准备：能在两条平行线中走一段距离。
2. 材料准备：小马头饰、梅花桩、纸板、沙袋、2个筐子（见图2-7-13）。

图 2-7-13

游戏玩法：

1. 幼儿拿一个小马头饰佩戴起来。
2. 幼儿拿一个沙袋。
3. 幼儿先走过梅花桩，再穿过草地。
4. 幼儿把沙袋运到绿色的筐子里。

活动 8　小动物跳跳

活动目标：

1. 认识数字1—6，能手口一致点数。
2. 会双脚一起轻轻向前跳。
3. 喜欢掷骰子玩游戏。

适宜年龄：3~4岁。

活动准备：

1. 经验准备：会手口一致点数。
2. 材料准备：小动物头饰、骰子。

图 2-7-14

图 2-7-15

游戏玩法：

1. 选择自己喜欢的小动物头饰，在起点准备好。

2. 一名幼儿负责掷骰子（见图 2-7-14）。

3. 小动物看到掷的是几，就往前跳几下，一边跳一边数（见图 2-7-15）。

4. 看谁先跳到终点。然后互相交换角色继续游戏。

活动 9　抢红旗

活动目标：练习双脚并拢向前行进跳。

适宜年龄：4~5 岁。

活动准备：

小旗子一面、供幼儿行进跳的地面格子（见图 2-7-16）。

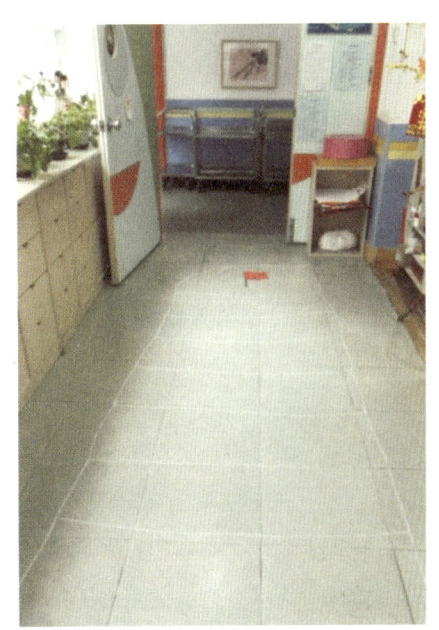

图 2-7-16

游戏玩法：

1. 两名幼儿站在地面格子外准备游戏。

2. 两人玩猜拳，赢者向前跳入地面格子的第一格（见图 2-7-17）。

3. 再次猜拳，每次都是赢的人向前跳一格，第一个到达终点的幼儿，并拿到红旗者为赢（见图 2-7-18）。

活动建议：

幼儿在熟悉猜拳游戏的基础上开展。

活动 10　拼小人

图 2-7-17

活动目标：练习连续助跑跨跳 3~4 个高度为 15cm 的障碍物。

适宜年龄：4~5 岁。

活动准备：

小椅子一把，牛皮筋 4 根，红蓝小人拼图各一套，红蓝双色骰子，红蓝标记贴。

活动玩法：

1. 游戏开始时，两名幼儿先商量各自选择的拼图颜色，并在自己的手背上贴上相对应的颜色标记。

图 2-7-18

图 2-7-19

图 2-7-20

2. 两名幼儿每人一次轮流掷骰子，掷到与自己选择的颜色一样时，才可以向前助跑跨跳越过障碍物到前方的桌面上拿取一片拼图再跨跳回来放在桌面上进行拼图（见图2-7-19、图2-7-20）。

3. 第一个完成拼图的幼儿获胜（见图2-7-21）。

活动建议：

两名幼儿每人在手背上贴上颜色标记，防止游戏过程中弄混拼图颜色。根据场地大小布置 3 或 4 个障碍物。

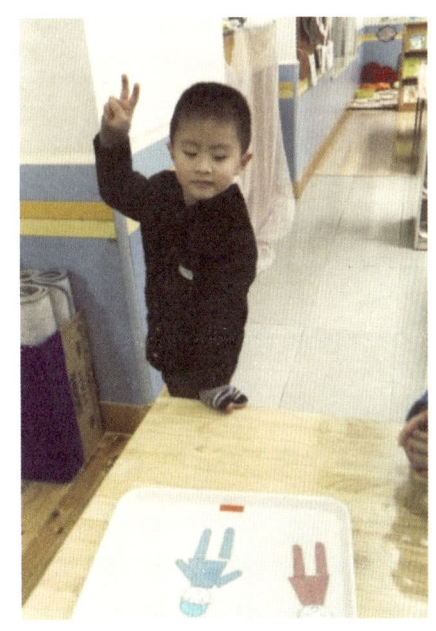

图 2-7-21

活动 11　皮球躲避战

活动目标：

1. 能够身体灵敏地躲避同伴滚过来的皮球。

2. 遵守游戏规则，滚球的幼儿要合作快速滚球。

适宜年龄：4~5 岁。

图 2-7-22

活动准备：

1. 经验准备：玩过掷沙包。

2. 材料准备：6 把椅子、一只皮球（见图 2-7-22）。

游戏玩法：

1. 找好同伴，人数不超过 7 人。

2. 商量好谁做第一个躲球人和滚球人。

3. 开始滚球，站在中间躲球的幼儿要快速反应躲避（见图 2-7-23）。

图 2-7-23

4. 如被球碰到，换滚球的幼儿到中间躲避球。

5. 依次玩下去。

活动 12　看谁击得准

活动目标：

1. 用球拍击球，将牛奶桶击倒。

2. 看谁击倒的牛奶桶最多，谁获胜。

适宜年龄：4~5 岁。

图 2-7-24

活动准备：

1. 经验准备：玩过赶球游戏。

2. 材料准备：废旧牛奶桶、纸球若干，球拍 2 副（见图 2-7-24）。

游戏玩法：

图 2-7-25

1. 将牛奶桶沿线摆放整齐（见图 2-7-25）。

2. 两人站在起始线，拿好球拍。

3. 瞄准牛奶桶，用球拍用力将球击出去（见图 2-7-26）。

4. 自己统计击倒牛奶桶的数量（见图 2-7-27）。

5. 击倒最多的获胜。

图 2-7-26

活动 13　跳一跳，垒高高

活动目标：

1. 单脚跳圈，将易拉罐垒高。

2. 掌握游戏规则，体验竞赛的趣味性。

适宜年龄：4~5 岁。

图 2-7-27

活动准备：

1. 经验准备：建构区垒高。

2. 材料准备：废旧易拉罐20个、塑料圈10个（见图2-7-28）。

图2-7-28

游戏玩法：

1. 将圈一竖排5个摆放好。

2. 两人站在起始线，玩"石头剪刀布"（见图2-7-29）。

3. 赢的人取一个易拉罐单脚跳圈。

4. 将易拉罐送到终点垒高（见图2-7-30）。

5. 以此方法将易拉罐运完，看谁运得多、垒得高就获胜。

图2-7-29

活动建议：

可以根据幼儿的能力增加跳圈的数量，提升单脚跳的能力。

图2-7-30

活动14　运动达人

活动目标：根据图片提示做跳、蹲、弯腰等动作。

适宜年龄：4~5岁。

活动准备:

轮盘、毽子、皮球、圈、记录单（见图 2-7-31）。

游戏玩法:

1. 两人以猜拳的方式或者商量决定谁先转动轮盘。

2. 每人一次轮流转动轮盘（见图 2-7-32），指针指向什么提示，幼儿就做相应的动作（见图 2-7-33），然后在记录单上自己一方的横虚线上描画一笔，转到没有动作的就停一次。

3. 谁先将记录单自己一方的虚线描画完，谁取胜，并获得"运动达人"称号。

活动建议:

1. 记录单也可以用虚线的卡通人物图，这样更具趣味性。

2. 该游戏也可以多人一起玩。

图 2-7-31

图 2-7-32

活动 15　谁先找到妈妈

活动目标:

1. 初步学习跳棋的玩法。
2. 能跨过或跳过一定距离。

图 2-7-33

3. 和同伴共同进行地面跳棋游戏。

适宜年龄：5~6岁。

活动准备：

1. 经验准备：幼儿有桌面棋的经验。

2. 材料准备："荷叶"14张、连接绳21根、动物图片4张。

游戏玩法：

1. 教师事先搭好棋路，两名幼儿各自站在起点上，玩"石头剪刀布"，赢的人跳到前面有连接绳的"荷叶"上，看谁先跳到终点。

2. 幼儿在游戏前自己先用"荷叶"、绳子设计拼搭棋路，之后按以上方法游戏（见图2-7-34）。

3. 在棋路上摆放角色图片，在游戏中需按规则跨或跳过一定距离（见图2-7-35）。

图 2-7-34

图 2-7-35

活动16　通过烽火线

活动目标：能以匍匐的方式进行钻爬；在活动的过程中不断尝试调整自己的身体角度通过烽火线。

适宜年龄：5~6岁。

活动准备：

1. 经验准备：幼儿有钻爬（手膝着地爬、膝盖悬空爬）经验、看过武警叔叔匍匐爬的训练。

2. 材料准备：椅子、网子、垫子、平衡木、跳圈等场景布置（见图2-7-36）。

游戏玩法：

1. 幼儿在场景中扮演解放军叔叔，爬过草地、走过独木桥、跳过小河，最后通过敌人的烽火线。

2. 爬行时全身不能碰到网子，利用手臂和腿部的力量匍匐爬行。

活动建议：

1. 为了帮助幼儿感受到自己是否触碰到网子，可在网上加装一些小铃铛，可以发出声响，作为提示。

2. 为了让幼儿能够使用匍匐爬的动作，网子的高度一定要低。过高的网子幼儿可能使用手膝爬、手足爬，而达不到匍匐爬的意图。

图 2-7-36

活动 17　民族娃娃保龄球

活动目标：学习打保龄球的方法，并能轮流打球。

适宜年龄：5~6 岁。

活动准备：

1. 经验准备：会点数数量并用数字记录。

2. 材料准备：球门一个、保龄球一套（上面贴有民族娃娃图片）、记录表、笔。

游戏玩法：

1. 两人合作，先将球门和贴着民族娃娃的棒子摆放好。

2. 由一人开始，将右手拇指、食指、中指插进保龄球上的三个小洞，握紧球，之后对准球门前的民族娃娃棒子，用掷球的手臂从后往前用力将球贴紧地面推出（见图 2-7-37）。

图 2-7-37

3. 看看球是否击倒了棒子，数一数被击倒的数量，并在记录表上用数字记录。

4. 换另一幼儿按同样方法掷球，并记录击倒的数量。

5. 用以上方法轮流掷球 10 次并记录。

6. 对照记录表上的击倒数量，看看自己一共击倒多少个，以数量多的为胜。

活动建议：

保龄球棒子上的图片，可根据教学主题进行调换。

活动 18 炸油条

活动目标:

1. 尝试两两结伴合作在垫子上连续翻滚越过障碍物。
2. 在竞争游戏中与同伴合作,相互鼓励。

适宜年龄:5~6 岁。

活动准备:

1. 经验准备:幼儿有过合作游戏的经验。
2. 材料准备:垫子若干、小桥 2 个、跨栏 2 个(见图 2-7-38)。

图 2-7-38

游戏玩法:

1. 两个小朋友躺在地垫上,头对头,手拉手,一起翻滚炸油条(见图 2-7-39)。
2. 翻滚到终点处,两人分别走过小桥(见图 2-7-40)。
3. 最后环节起跑冲刺,跨过障碍为胜。

图 2-7-39

活动建议:

1. 游戏时可增加游戏的难度和垫子的长度。
2. 在幼儿熟悉后,可在垫子下面放上障碍物,幼儿在翻滚时要翻过障碍物。

图 2-7-40

活动19　小青蛙盖房子

活动目标：

1. 能按标记学小青蛙的样子，手脚并拢跳过障碍物。

2. 在规定的时间内迅速搭建五层高的房子。

适宜年龄：5~6岁。

活动准备：

1. 经验准备：幼儿已掌握搭建五层高楼房的方法。

2. 材料准备：有手脚印的纸板若干、积木若干、记录表（见图2-7-41）。

游戏玩法：

1. 每位幼儿有5分钟时间，按标记双脚同时跳过障碍物（见图2-7-42、图2-7-43）。

2. 越过障碍物后，迅速跑到搭积木处。

3. 在规定的时间内完成搭建楼房的任务。

活动建议：

1. 分组进行比赛，看谁的楼房搭建得又快又高。

2. 手脚印纸板的数量可由4个以上依次增加。

图2-7-41

图2-7-42

图2-7-43

活动 20　跳格子

活动目标：

1. 能按数字顺序尝试夹包跳格子。

2. 会用"石头剪刀布"方法来相互协商先后顺序。

适宜年龄：5~6 岁。

活动准备：

1. 经验准备：幼儿已会夹包跳。

2. 材料准备：长条形的 KT 板若干、沙包、纸箱一个（见图 2-7-44）。

图 2-7-44

游戏玩法：

1. 幼儿能快速地将 KT 板组合成房子的形状，并在每格房子中画上数字 1—6。

2. 幼儿两两结对，玩"石头剪刀布"，胜者第一轮从数字 1 开始夹包跳入数字 2，再次玩"石头剪刀布"，以此类推，直至跳入数字 6 后，再从 6 跳入 5，反复进行，最后回到数字 1，将沙包最先投入纸箱中为胜（见图 2-7-45）。

3. 为胜者第二轮从数字 2 开始夹包跳，进行游戏。

图 2-7-45

活动建议：

活动初期，可引导幼儿先观察游戏玩法，用笔和纸在游戏中进行记录。

第八节　感官区环境创设策略和活动案例

一、感官区环境创设策略

感官教育是提升人类智能建构的最基础教育，因为人类的智力必须经由感官吸收资讯后，引发心智活动而产生认知、辨异等思考，进而成为智慧。人的感官分为视觉、听觉、触觉、味觉、嗅觉五大感觉器官。在蒙台梭利教育中，依据这五大感觉设计了相关的学具，其目的是让幼儿通过自发性的操作，运用观察、比较、分析、判断等合理的方法，培养幼儿感官的精确敏锐性，直接帮助人的感觉器官的发展，以达到智力、能力的开发和提升。同时，感官教育也是数学教育的前预备阶段。在创设感官区环境和使用感官教具时，我们主要从以下几个方面进行考虑。

首先，场地的设置。在创设感官区时，要注意以下几点：不要将感官区设置在入口处或人员需要经常走动的地方，以免搭建好的作品被碰倒；因为感官教具大多易于在地毯上操作，故桌子可少一点，让幼儿有一定的空间范围操作；感官教育是数学教育的前预备阶段，最好将感官区设置在与数学区相近的地方；在操作的过程中，因为感官区教具需要搬动，有时候会发出较大的声响，为了不打扰到其他区域的学习活动，感官区要避免与安静的区域（如阅读区等）相邻；在操作感官区材料时，有时会向空中搭建，建议提供一个三层人字梯供幼儿使用。

其次，教具的配置。感官区材料的配置非常重要，在蒙台梭利教具中，有成套的五大感官教具，每件教具都有其独有的特征和功能，可以分为五个方面：第一个方面是视觉教具，有粉红塔、棕色梯、红棒、带插座圆柱体、彩色圆柱体、色板、几何拼图等，其主要功能是帮助幼儿认识物体的大小、高矮、长短、粗细、颜色、形状等；第二个方面是触觉教具，有触觉板、彩色布盒、白色布盒、压觉板、重量筒、温觉板，其目的是通过触觉让幼儿感知物体的粗糙和光滑、重和轻、冷和暖等；第三个方面是听觉教具，有听觉筒、音感钟等，主要是培养幼儿认知音的大小、强弱、高低、种类等；第四个方面是嗅觉教具,有嗅觉瓶,主要是练习辨识各种不同气味;第五个方面是味觉教具,有味觉瓶,主要是让幼儿辨识各种味道。

最后,使用教具的原则。感官区的材料具有单一孤立性、自我纠错和很强的渐次性等特点,在使用感官教具时,要遵循以下的原则:在介绍教具时,从操作最强烈对比的教具开始,如最长和最短的对比、最粗和最细的对比等,要求语言精练、简单、客观、正确,专注于材料本身特征的呈现;对于需要掌握名称的教具建议使用三阶段教学法,以便幼儿理解,第一阶段是感觉、认知与名称的结合,第二阶段是辨别实物、认识名称,第三阶段是记住实物和相对应的名称;鼓励开展小组教学或个别教学,每一种教具只提供一种,需要让幼儿学会轮流与等待;在排列教具时要从大到小,示范教具时要从左往右,使用序列、配对、分类的操作方法,培养幼儿的逻辑思考能力和强化归纳概念的能力;教师在基本示范熟练后,进行延伸变化,并与生活区、美工区、数学区等紧密结合,留给幼儿更多自由创造和想象的空间。

二、感官区活动案例

活动1 粉红塔

活动目标:尝试用比较的方法区别物体的大小,发现粉红色立方体之间的规律。

适宜年龄:3~4岁。

活动准备:

1. 经验准备:有大小概念。
2. 材料准备:10块由大到小的粉红色立方体,立方体各边长度从10cm到1cm递减(见图2-8-1)。

图2-8-1

游戏玩法:

1. 在学具柜里取出 10 块粉红色立方体。

2. 用比较的方法给 10 块粉红色立方体排排队,按照从大到小的规律横向排列。

3. 按照从大到小的顺序依次垒高,搭建成塔状(见图 2-8-2)。

图 2-8-2

活动建议:

幼儿可以几人合作,每人取一块粉红色立方体,按从大到小或者从小到大的顺序来排序,看一看谁能放对。

活动 2　棕色梯

活动目标:尝试根据规律排列棕色长方体,在操作活动中体验规律排列的乐趣。

适宜年龄:3~4 岁。

活动准备:

1. 经验准备:认识棕色,有大小、长短概念。

2. 材料准备:10 块从粗到细的棕色长方体,长度都是 20cm,横截面边长由 10cm 到 1cm 递减(见图 2-8-3)。

图 2-8-3

游戏玩法：

1. 在学具柜里取出 10 块棕色长方体散放。

2. 按照由粗到细的顺序排列成楼梯状（见图 2-8-4）。

3. 用最细的一根去爬楼梯，会发现每层楼梯高度都和它一样高。

活动建议：

1. 按照大小、长短规律可以有不同的排列、垒高玩法。

2. 棕色梯可以和粉红塔找规律搭配玩（见图 2-8-5、图 2-8-6、图 2-8-7、图 2-8-8）。

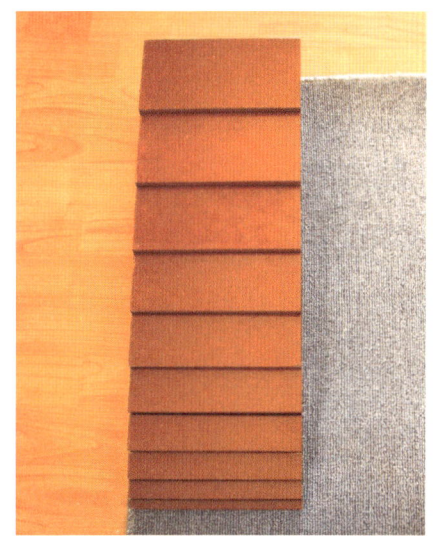

图 2-8-4

图 2-8-5

图 2-8-6

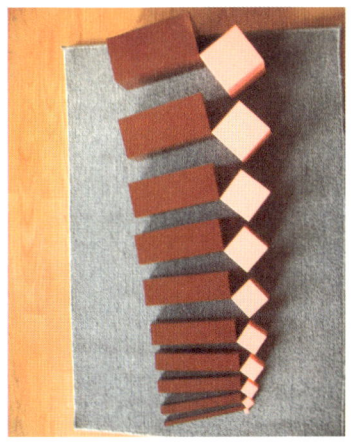

图 2-8-7

图 2-8-8

活动3 红棒

活动目标：能用比较的方法区别木棒的长短，能按规律排序。

适宜年龄：3~4岁。

活动准备：

1. 经验准备：有长短概念。
2. 材料准备：由10根从长到短的红色方形木棒组成，长度由100cm至10cm，每根相差10cm（见图2-8-9）。

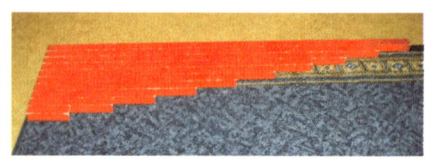

图2-8-9

游戏玩法：

1. 取出10根木棒放到地垫上。
2. 比较木棒的长短，按照从长到短的规律有序排列。
3. 找出最长的和最短的一根。

活动建议：

1. 根据班级幼儿现状，可以先从4根木棒起步开始玩，然后逐渐增加木棒的数量，最后增加到10根。
2. 可以拿红棒去做测量。

活动 4　带插座圆柱体

活动目标：能感知和区分物体的大小、高矮、粗细、多少。

适宜年龄：3~4 岁。

活动准备：

1. 经验准备：有粗细、高矮的概念。

2. 材料准备（见图 2-8-10）：

第一组：二度空间（高度相同，直径渐减）。

第二组：三度空间（高度和直径同时渐减）。

第三组：三度空间差别，但是和 2 相反（高度递增，直径递减）。

第四组：一度空间差别（直径相同，高度渐减）。

游戏玩法：

1. 从底座中取出带插座圆柱体散放。

2. 根据从粗到细的规律尝试排列。

3. 把带插座圆柱体对应地放回到底座中。

4. 以此类推，其余三组方法和第一组圆柱体玩法相同。

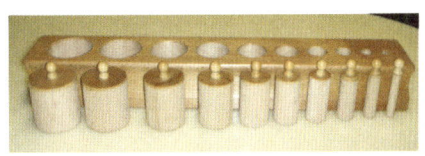
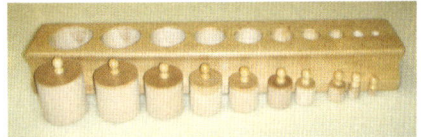
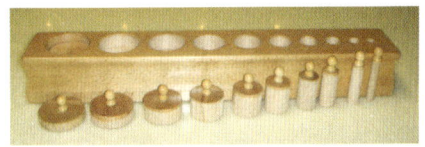
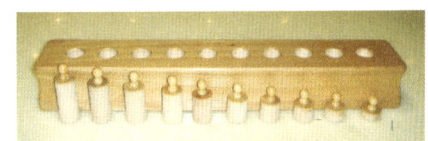

图 2-8-10

活动建议：

1. 可以使用眼罩玩蒙眼游戏，通过触摸的方式送带插座圆柱体回家。

2. 玩熟练后，可以 2 组或者 3 组带插座圆柱体混合玩，以增加难度（见图 2-8-11）。

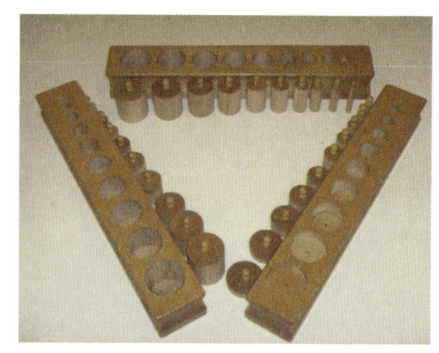

图 2-8-11

活动 5　听筒

活动目标：练习听觉，能分辨强弱不同的声音。

适宜年龄：3~4 岁。

活动准备：

1. 经验准备：生活中会被不同的声音吸引。

2. 材料准备：两盒木箱中各有 6 个木制圆筒，里面装有不同材料（小石子、沙子、豆子等），一盒红色一盒绿色，两盒各自成对（见图 2-8-12）。

图 2-8-12

游戏玩法：

1. 找出强度相同的声音：取一个红色听筒摇一摇，然后在绿色听筒里找出和这个红色听筒一样声音的。其余听筒都用这样的方法找朋友。

2. 按照声音强度顺序排列：先用一盒，找出其中最响的听筒，再找最轻的听筒，然后其余的听筒逐渐按顺序排列在它们之间。

活动 6 味觉瓶

活动目标：通过尝一尝的方式分辨不同的味道，尝试给甜、咸、酸、苦找相同的味道配对。

适宜年龄：3~4 岁。

活动准备：

1. 经验准备：日常饮食中尝过各种食物的味道，能感知甜、咸、酸、苦 4 种味道。

2. 材料准备：味觉瓶两两成对（4 种味道：糖水、盐水、柠檬水、苦瓜汁水），有 4 杯温水、2 个勺子、2 张纸巾，一起放在一个托盘里（见图 2-8-13）。

图 2-8-13

游戏玩法：

1. 取出一个味觉瓶，打开盖子，用滴管滴在勺子里，尝一尝味道。

2. 把勺子放入一个杯子里，用另一杯水漱漱口。

3. 再用同样的方法尝其他味觉瓶里的味道，尝到一样的，如 2 个甜的，配对到一起。

4. 两两配对，找出甜、咸、酸、苦 4 种味道（见图 2-8-14）。

图 2-8-14

活动建议：

在品尝不同味觉瓶之前要漱口。日常在午餐、点心等生活环节中令其感知不同的味道。

活动 7　布盒

活动目标：学习用手触摸感知物体，了解不同的布有光滑、粗糙、柔软等特征。

适宜年龄：3~4 岁。

活动准备：

1. 经验准备：在日常生活中有触摸自己衣服的经验。

2. 材料准备：真丝、麻料、绒布三种不同质地的布料（见图 2-8-15）。

图 2-8-15

游戏玩法：

1. 戴上眼罩，摸盒子里的布料。

2. 把触摸手感相同的布料摆放到一起（见图 2-8-16）。

3. 取下眼罩，看看是不是质地相同的布料配对摆放在一起了。

图 2-8-16

活动建议：

可以和同伴合作玩，能用语言说出不同布料摸上去的感觉，如光滑、粗糙、柔软。

活动 8　嗅觉瓶

活动目标：用闻一闻的方法感知气味，能把相同的气味配对在一起。

适宜年龄：3~4 岁。

活动准备：

1. 经验准备：做过配对的游戏，有嗅觉的经验。

2. 材料准备：嗅觉瓶 6 对，里面气味两两相同（见图 2-8-17）。

图 2-8-17

游戏玩法：

1. 分别取出 2 个装有嗅觉瓶的盒子。

2. 在其中一盒中取出一个瓶子，打开盖子闻一闻。

3. 在另一个盒子中，找出和它气味一样的瓶子，配对摆放在一起。

活动建议：

配对的嗅觉瓶数量从少到多慢慢增加。

活动 9　温觉瓶

活动目标：辨别温度的差异，能找出温度相同的配对。

适宜年龄：3~4岁。

活动准备：

1. 经验准备：生活中有感知温度的感官认识。

2. 材料准备：金属质地的瓶子8个（4对），老师做成4种不同的温度（热、暖、温、冷4种温度，最高温度不超过50℃）（见图2-8-18）。

图 2-8-18

游戏玩法：

1. 取出装有温觉瓶的盒子。

2. 一只手拿出一个瓶子，用手握住感受温度。

3. 另一只手再握其他的瓶子，直到找出和它温度感觉一样的瓶子。

4. 左右手同时握住2个瓶子，确认温度一致，配对摆放到一起。

5. 两两配对直到把4对都配对完成（见图2-8-19）。

图 2-8-19

活动建议：

1. 温觉瓶里面的水用热水和冷水按比例混合。

2. 可以玩温度排序的游戏，把温觉瓶从冷到热排序。

活动 10　温觉板

活动目标：通过触觉感知不同物体的温度差异，能找出相同的配对。

适宜年龄：3~4 岁。

活动准备：

1. 经验准备：有玩过温觉瓶的经验。

2. 材料准备：4 种质料不同、大小相同的长方形板（地毯、木板、大理石、铁板各 2 块）（见图 2-8-20）。

图 2-8-20

游戏玩法：

1. 两名幼儿合作，取出盒子中的 8 块板子。

2. 一名幼儿戴上眼罩，伸出双手，另一名幼儿取温觉板放到蒙眼幼儿手上。

3. 蒙眼幼儿通过左右手同时触摸的比较，直到感觉出两个温度一样的板子。

4. 两两配对直到把 4 对都配对完成（见图 2-8-21）。

图 2-8-21

活动 11　重量板

活动目标：通过左右手同时掂量木板，练习分别轻重的感觉。

适宜年龄：3~4 岁。

活动准备：

1. 经验准备：有比重量的经验。

2. 材料准备：不同材质的木板，两两相同（见图 2-8-22）。

图 2-8-22

游戏玩法：

1. 取出盒子中的重量板。

2. 用左右手各拿一块木板，掂量两块板子是否一样重。

3. 把相同重量的板子配对到一起。

活动建议：

1. 重量板的数量由少到多，逐渐增加。

2. 熟练以后，可以玩从轻到重的排序游戏。

活动 12 色板

活动目标：分辨不同的颜色，能把相同的颜色两两配对，尝试按照颜色深浅关系排序。

适宜年龄：4~6 岁。

活动准备：

1. 经验准备：认识常见颜色。

2. 材料准备（见图 2-8-23）：

色板共三盒：

图 2-8-23

第一盒：共6块（红、黄、蓝各2块）；

第二盒：共22块（红、黄、蓝、橙、绿、紫、黑、白、粉、灰、棕各2块）；

第三盒：共63块，9种颜色，每种7块（红、黄、蓝、橙、绿、紫、粉、棕、灰，有七级明度差异）。

图 2-8-24

游戏玩法：

1. 第一盒色板，认识红、黄、蓝，把相同颜色配对到一起（见图2-8-24）。

2. 第二盒色板，颜色找朋友，把颜色一样的两块色板，配对摆放到一起，认识颜色：红、黄、蓝、橙、绿、紫、黑、白、粉、灰、棕（见图2-8-25）。

3. 第三盒色板，把红、黄、蓝、橙、绿、紫、粉、棕、灰等颜色按照深浅规律排序（见图2-8-26）。

图 2-8-25

活动建议：

1. 两人合作，玩有距离的记忆游戏，把色板材料平均分成2份，每人拿一份，一名幼儿先把色板随意排列好，然后给另一人看10秒钟，另一名幼儿根据记忆摆出和同伴相同的颜色摆法。

2. 在班级环境中找色板的"好朋友"，体验和发现生活中的颜色。

图 2-8-26

活动 13　彩色圆柱体

活动目标：通过观察和比较的方法，发现圆柱体粗细、高矮的变化，尝试创意组合造型。

适宜年龄：5~6 岁。

活动准备：

1. 经验准备：幼儿有高矮、粗细和颜色的认识经验。

2. 材料准备：4 组彩色的圆柱体（见图 2-8-27）。

第一组：红色，由粗到细；

第二组：黄色，由大到小；

第三组：绿色，由矮粗到高细；

第四组：蓝色，由高到矮。

图 2-8-27

图 2-8-28

游戏玩法：

1. 单盒使用时，按照高矮、粗细的规律排列。

2. 3 盒组合玩时，垒高组合排列（见图 2-8-28）。

3. 按照一定规律，创意组合搭建（见图 2-8-29 至图 2-8-36）。

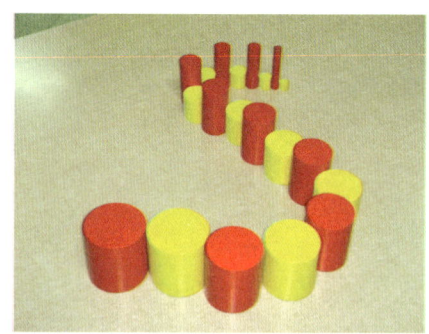

图 2-8-29

活动建议：

可以和带插座圆柱体组合使用。

图 2-8-30

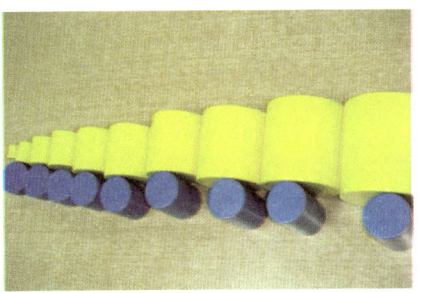

图 2-8-31

图 2-8-32

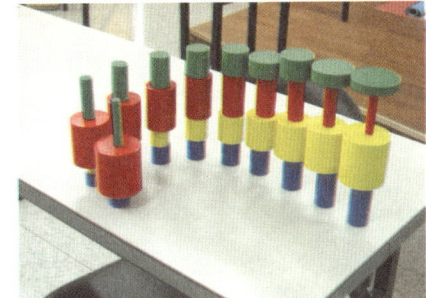

图 2-8-33

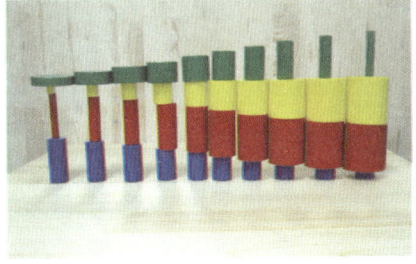

图 2-8-34

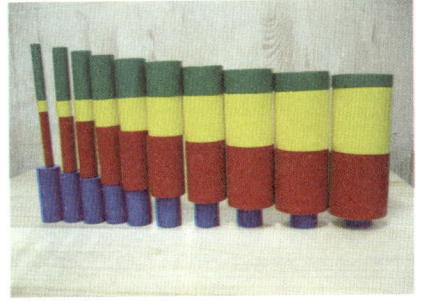

图 2-8-35

图 2-8-36

活动 14　音感钟

活动目标：通过敲击、倾听，分辨声音的高低，练习耳朵听觉的灵敏性。

适宜年龄：5~6 岁。

活动准备：

1. 经验准备：有玩过听筒的游戏。

2. 材料准备：由 2 组金属制的钟组成，包含一个八度的全音和半音，在外观上完全相同，各有一个小型底座，用颜色区别，用木棒敲便能发出高低不同的声音（见图 2-8-37）。

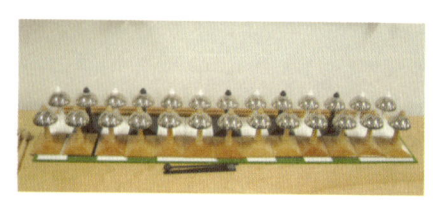

图 2-8-37

游戏玩法：

1. 先用木棒敲击黑白底座的音感钟，从第一个白色的"1"开始敲击。

2. 在原木色底座中去找和"1"相同的钟，找到之后对应放到它的前面。

3. 按照这样的规律，把 2 组音感钟按照从低音到高音的顺序敲出来。

活动建议：

开始的时候降低难度，可以挑选三个音差大的：1、4、6 开始。

活动 15　几何图形嵌板橱

活动目标：在认识常见的几何图形的基础上，会把较多数量的图形和底座进行配对。

适宜年龄：5~6 岁。

活动准备：

1. 经验准备：认识基本图形。
2. 材料准备：由 7 个抽屉组成，最上面是示范橱。第一橱，四边形；第二橱，圆形；第三橱，三角形；第四橱，多边形；第五橱，曲线＋锐角不等边三角形；第六橱，全部曲线（见图 2-8-38）。

图 2-8-38

游戏玩法：

1. 取出一层图形抽屉，从嵌板中拿出图形散放。
2. 根据大小规律排序，然后根据图形和嵌板的比对，准确地送图形回家。
3. 将实心的、粗线条的、细线条的三种图形卡片和几何嵌板配对（见图 2-8-39）。

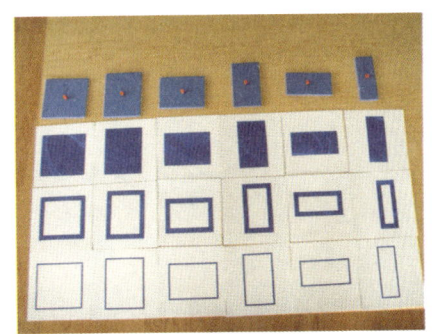

图 2-8-39

活动 16　树叶橱

活动目标：能察觉到植物的外形特征，

知道树叶名称，会把树叶板和真实树叶按照外形配对。

适宜年龄：5~6岁。

活动准备：

1. 经验准备：玩过几何嵌图橱，对植物感兴趣。

2. 材料准备：一篮子真实的树叶，树叶橱（见图2-8-40至图2-8-42）。

第一橱、第二橱：6张14cm×14cm的黑色卡纸。

第三橱：针形树叶、线形树叶、肾形树叶、圆形树叶。

第四橱：卵形树叶、倒卵形树叶、长椭圆形树叶、椭圆形树叶。

第五橱：倒心形树叶、心形树叶、箭形树叶、戟形树叶、勺形树叶、三角形树叶。

游戏玩法：

1. 取出一层树叶橱，把里面的树叶嵌板拿出来。

2. 在树叶篮子里找和树叶板一样形状的真实树叶，对应摆放在一起。

3. 和同伴一起说一说真实的树叶是什么树上的，它和树叶板里的哪种树叶一样，是什么形状的。

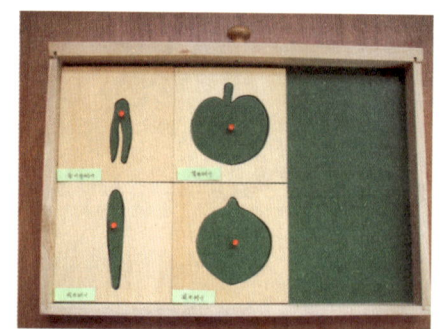

图 2-8-40

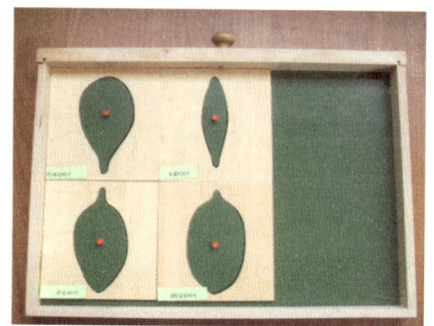

图 2-8-41

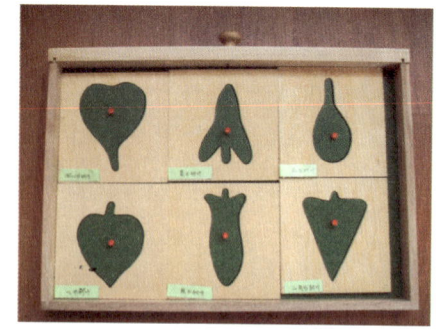

图 2-8-42

活动建议：

幼儿带着树叶板到幼儿园院子里去找形状相对应的真实树叶。

图 2-8-43

活动 17 几何立体组

活动目标：能用常见的几何形体有创意地拼搭造型。

适宜年龄：5~6 岁。

活动准备：

1. 经验准备：认识常见几何形体。

2. 材料准备：共 10 个几何立方体和投影片，球体、卵形体、椭圆形体；圆柱体、三棱柱、正方体、长方体；圆锥体、四棱锥、三棱锥（见图 2-8-43）。

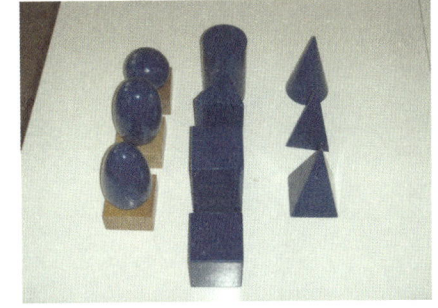

图 2-8-44

游戏玩法：

1. 把 10 个立方体分成 3 类，并说出自己这样分类的原因（见图 2-8-44）。

2. 用图形投影片找对应的几何立方体，和同伴讲一讲自己摆放的规律（见图 2-8-45）。

3. 用不同的几何立方体进行创意拼搭（见图 2-8-46）。

图 2-8-45

图 2-8-46

活动建议：

1. 同伴合作玩"我说你拿"的游戏，根据同伴的语言描述，准确取出球体、卵形体、椭圆形体；圆柱体、三棱柱、正方体、长方体；圆锥体、四棱锥、三棱锥。

2. 把立方体都放入布袋中，通过触摸来判断立方体。

活动 18　二项式

活动目标：发现不同立方体组合的规律，能把小立方体拼成一个大立方体。

适宜年龄：4~5 岁。

活动准备：

1. 经验准备：有辨别颜色、大小、高矮的经验。

2. 材料准备：一个木盒里装有 8 块立方体木块（1 块全红色，1 块全蓝色、3 块红黑相间、3 块蓝黑相间），立方体尺寸关系为 $(a+b)^3=a^3+3a^2b+3b^2a+b^3$（见图 2-8-47）。

图 2-8-47

游戏玩法：

1. 取二项式材料放到桌子上，打开盒盖，把立方体拿出来散放在桌子上。

2. 借助盒盖颜色提示，堆砌成一个立方体（见图 2-8-48）。

3. 把积木分成两层，同伴交流说一说自己的发现（见图 2-8-49 至图 2-8-50）。

活动建议：

幼儿在初次开展二项式活动时，可参照盒子上的图片进行操作，操作熟练后，幼儿可自由拼搭，根据积木块的形状和色彩以及对应的关系，进行收放。

图 2-8-48

图 2-8-49

活动 19　三项式

活动目标：根据底板图案提示，把若干小立方体拼搭成一个大立方体。

适宜年龄：5~6 岁。

活动准备：

1. 经验准备：能准确分辨颜色、大小、高矮。

2. 材料准备：一个木盒里装有红、黄、蓝、黑颜色 27 块立方体木块，立方体尺寸关系为 $(a+b+c)^3=a^3+b^3+c^3+3a^2b+3a^2c+3b^2a+3b^2c+3c^2a+3c^2b+6abc$（见图 2-8-51）。

图 2-8-50

图 2-8-51

游戏玩法：

1. 取三项式盒里的木块散放在桌上。

2. 借助盒盖颜色提示，层层堆砌成一个立方体（见图 2-8-52 至图 2-8-53）。

活动建议：

1. 熟练后，不需要盒盖提示，拼搭出立方体（见图 2-8-54）。

2. 用不同立方体，创意拼搭（见图 2-8-55 至图 2-8-57）。

图 2-8-52

图 2-8-53

图 2-8-54

图 2-8-55

图 2-8-56

图 2-8-57

活动20 构成三角形

活动目标：能分辨不同的三角形，会用多种分类方法分类，学习用三角形组合出更多图形。

适宜年龄：5~6岁。

活动准备：

1. 经验准备：认识颜色和常见三角形。

2. 材料准备：三角形板分别放在5个盒子里，2个长方形盒、1个三角形盒、1个大六边形盒、1个小六边形盒（见图2-8-58）。

游戏玩法：

1. 根据颜色或者形状给三角形分类（见图2-8-59至图2-8-60）。

2. 用三角形拼出更多图形（见图2-8-61至图2-8-62）。

图2-8-58

图2-8-59

图2-8-60

图2-8-61

图2-8-62

活动建议：

试着用多块三角形创意拼搭（见图 2-8-63 至图 2-8-66）。

图 2-8-63

图 2-8-64

图 2-8-65

图 2-8-66

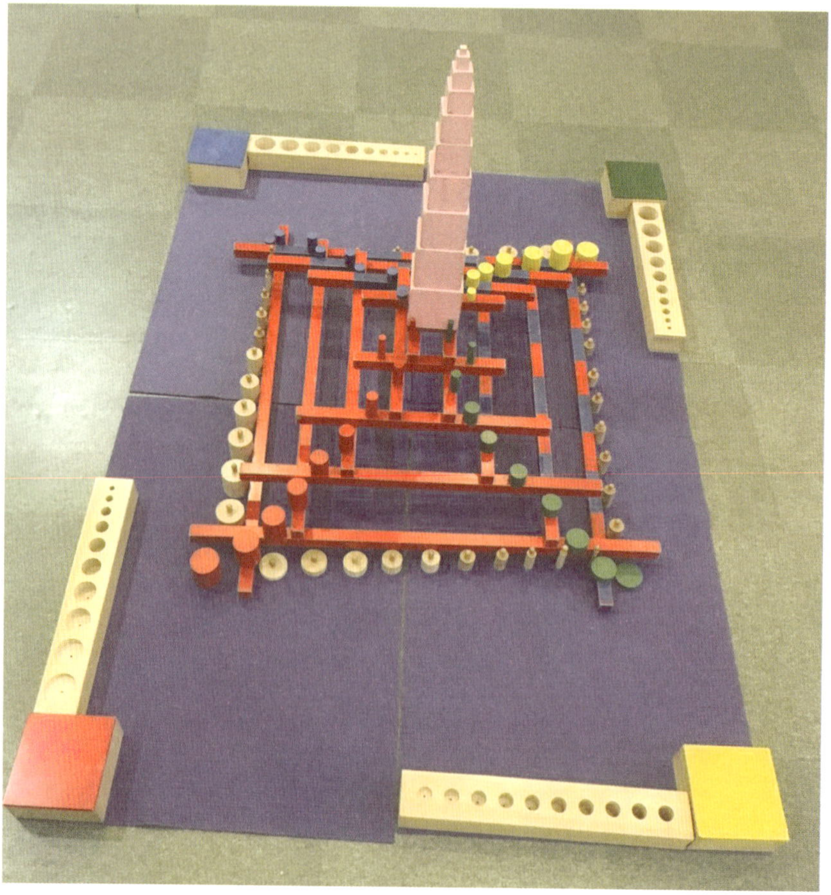

图 2-8-67

第三章
教师在创设自由的区角游戏环境中的收获与成长

第三章 教师在创设自由的区角游戏环境中的收获与成长

在设计与指导区角游戏的过程中,我们一直坚持对幼儿进行观察。观察,让我们体验到了作为一名幼儿教师的幸福感、快乐感;观察,让我们对幼儿的行为越来越了解,越来越知道幼儿行为背后的原因、蕴含的发展潜力的同时,解读幼儿行为的能力也随之越来越强……在此过程中,我们由衷地感叹:"孩子们,你们真是积极主动的学习者,是成人之师!"我们还通过观察,在与幼儿的想法、观念相碰撞的过程中,不断反思观察到底是什么,该如何进一步对材料和环境进行调整以促进幼儿的发展,幼儿是否具有积极主动学习的能力……我们将这些困惑与发现谱写成一篇篇属于我们的教育故事。

我从你的世界走过,穿越那彩虹的尽头,是你带给我无限的精彩……

第一节 一场关于收获与成长的教师沙龙

自从"创设自由的区角游戏环境,促进幼儿自然成长的研究"实施以来,教师们开展了有关区角游戏的理论学习,并结合班级的实际情况进行了实践研究,设计了观察记录表,通过观察记录表来了解材料和环境是否适宜于幼儿的发展,还开展了"主题背景下区角游戏"的实践研究,在此过程中,通过不断地观察、反思与调整,教师们越来越了解"自由的区角游戏环境"的特征,知道什么样的区角游戏环境适宜于幼儿的发展,能够引发幼儿的主动探索。

时间:2015 年 1 月

地点:大四班班级和三楼礼堂

主持人：王燕兰、周世春

参加人员：区角游戏组所有成员（冯晓华、许伊佳、刘艳、张春美、俞文君、聂晶、杨荣、刘琳、毛磊）

沙龙主题："创设自由的区角游戏环境，促进幼儿自然成长"子课题开展研究以来，教师们对"自由的区角游戏环境"和"自由的区角游戏环境与幼儿的自然成长"的理解，以及教师们在此过程中的收获与成长。

主持人：我们幼儿园一直在研究自由环境与幼儿的自然成长，通过理论学习与实践，我们对自由环境也有了一些认识，例如自由的环境中没有束缚幼儿生命活动的不必要的限制，尤其是没有与幼儿作为一个群体所共有的那些天性、本能、需要、成长规律等相违背的限制；自由的环境能为幼儿提供自我引导、自主选择、自我主宰的机会与条件。我们区角游戏组也是一直跟着总课题的思路在研究"如何创设自由的区角游戏环境"，来促进幼儿的自然成长。今天大家看到了大四班的区角游戏现场，每位老师可以根据自己看到的、观察到的，畅所欲言，如果你有什么不明白的地方也可以向该班老师进行提问。

俞文君：我今天先总体观察了一下大四班的区角游戏，我发现有很多种类，有美工区的创意纸工、立体折纸、剪窗花，生活区的设计项链、做手帕，等等，我感觉这么丰富的材料能够给予幼儿自主选择的机会，使得每名幼儿都能选择自己喜欢的游戏。

主持人：游戏和材料的丰富性是自由的区角游戏环境的一个特征，丰富的材料是幼儿自主选择、自我引导的前提。

俞文君：不知道你们的区角游戏是如何来的？

刘艳：我们不仅会根据主题活动生发出来，还会通过观察幼儿的需要增加材料或者是对原有的游戏进行调整。例如，在"制作时钟"的活动中，幼儿刚开始对钟面感兴趣，随着活动的开展，有些幼儿开始尝试让钟站起来，在观察到这个现象后，我们就搜集了废旧的卷纸筒等材料，同时创建了班级的材料库，并让幼儿知道需要什么样的材料都可以去材料库或者其他区域去取。在这些材料的支持下，幼儿尝试了各种各样的方法使自己的时钟站起来。

冯晓华：老师的观察很重要，观察能够了解幼儿的需要。但是在此我们也发现，幼儿是在与材料相互作用的过程中获得经验的，所以，我们老师要学会动脑筋，要保证有充足的材料，材料不仅要充足，还要适宜，适宜幼儿当前发展的需要。材料库的设立能够给幼儿提供更多的与材料互动的机会与条件。

聂晶：我主要观察了幼儿"设计项链"的游戏，这使我想到，在小班、中班我们都会提供"设计项链"的游戏，但是我今天观察到的，我觉得老师还是考虑到幼儿的年龄特征了。老师提供的珠子大小不同，珠子中间的孔也是大小不同，还提供了两种不同的绳子，一种是有弹性的、比较粗的绳子，一种是像鱼线一样又细又滑的绳子，我看到老师没有把绳子剪成一段一段的，这是为什么呢？

张春美：一是因为不同的幼儿需要设计的东西不一样，有的设计项链，有的设计戒指或手链；二是这也涉及目测以及想办法解决问题的学习品质。在确定使用绳子的长短时，有的幼儿就根据经验做出判断，项链要比较长，戒指要比较短，用目测的方法来剪；有的幼儿就直接把绳子绕到脖子上，来看需要剪多长。

冯晓华：这也符合《指南》中讲述的5~6岁幼儿的年龄特征，5~6岁的幼儿能够进行目测，也能从经验中学习。

主持人：对，老师们的发现很准确，虽然我们小班、中班、大班都有"设计项链"的游戏，但是我们提供的材料不一样，尤其是绳子的提供，幼儿就要根据自己的需要来确定使用绳子的长短，有的要用目测，有的直接在身体上试一试，这就涉及测量了。所以，同样的一个活动，我们在提供材料时要遵循幼儿的年龄特点，这就是自由的区角游戏环境的一大特点，尽量避免材料对幼儿的压制和强迫，使得每名幼儿都能够选择与自己内在发展水平相契合的材料，幼儿就能依从自身的发展需要、特点和规律，"自然"地成长起来。

毛磊：我主要观察了"创意纸工"的游戏，我发现有剪方形的窗花和圆形的窗花的示意图，示意图能够给予幼儿"隐形的指导"，使得幼儿在有困难时不马上寻求成人的帮助。另外，剪花链比较简单一些，剪窗花比较难一点，因为圆形的窗花折起来后有16层，对幼儿小手肌肉的发展有较高的要求，但是每名幼儿的发展水平、发展速率是不一样的，你们是不是在提供材料的时候就考虑到了这种材料的层次性？

张春美：对。因为我们观察到幼儿很喜欢玩"剪窗花"的游戏，起初只提供了剪方形窗花的图示，但是有些发展水平较高的幼儿无法获得满足，我们为了满足发展水平较高幼儿的需要，又提供了较难的圆形窗花的示意图。

主持人：自由的区角游戏环境的创设在材料的提供上还要注重层次性，即使同一年龄的幼儿在发展水平上也存在差异，所以，我们提供的材料要给予幼儿自我引导、自主选择的机会与条件，在这样的环境中，每名幼儿都能根据自己的发展水平，选择适宜的材料，这样每名幼儿都能在操作的过程中获得发展，也能体验到成就感。

杨荣：我观察到你们区角游戏插牌的地方有幼儿画的排队的标志，还有一些其他的标志，不知道你们为什么会有这些标志。

刘艳：我来讲述一下这些标志的来源。我们在大班采取了进区角游戏插牌的方法，可是在刚开始插牌的时候，就出现了幼儿插队、拥挤、时间过长等现象，出现了这些现象后，我就和幼儿一起讨论，幼儿纷纷提出自己的意见，例如"在插牌前要想好，插的时候速度要快"；"要排好队"；"别人插满了，你就不能插了"……在此之后，幼儿提出要把这些规则画出来，张贴在插牌的地方。最后，我们通过投票，选出幼儿认为能看懂的图示，进行了衬底和过塑，张贴了起来。

主持人：你们有没有听出来，我们创设的自由的区角游戏环境并不是幼儿随心所欲、想怎么样就怎么样，也是要有一定规则的，规则能够保障每名幼儿免于受到他人不必要的干扰和限制。但是规则不是教师预先规定的、强加给幼儿的，而是在出现问题后、幼儿有需要时通过和幼儿共同讨论制定的。这样，规则建立过程就是幼儿表达内在需要的过程，这就决定了所达成的规则必然是符合幼儿发展规律和需要的，与幼儿的自然成长是相契合的。

许伊佳：《指南》中也指出5~6岁的幼儿"能够理解规则的含义，并制定规则"，所以针对5~6岁幼儿，我们在制定规则的时候要考虑到幼儿的需要，幼儿需要的规则才是符合幼儿发展的规则，而不是教师根据自己的管理需要而提前制定的规则。

刘琳：你们有没有观察到幼儿作品的展示？我看到老师很用心，有立体的作品展示，有悬挂的展示，还有用照相机记录下来幼儿的作品并在旁边写下幼儿对自己活动或作品的描述。

毛磊：老师想了很多不同的方法来展示幼儿的作品，很用心，尤其是用照相机记录、彩打出来，老师还把当时幼儿的所思所想记录下来，这是难能可贵的，能够让幼儿感受到自己的作品是被尊重的，自己的操作过程是被尊重的。

聂晶：我也赞同。而且我观察到幼儿的操作区和作品展示区相邻，是不是考虑到幼儿的作品可以很方便地展出？

杨荣：对。我们根据作品的类型选择了不同的展示方式，正如老师们观察到的，有立体展示，有悬挂展示，有平面展示，有照片展示。

主持人：老师们都观察到了这些小秘密。这也说明自由的区角游戏环境是需要老师们精心设计、细心考虑的，这真是体现了我们老师的智慧。而且，幼儿自己作品的展示有助于幼儿在这个环境中获得归属感，他能够告诉小朋友、家人、老师，这是自己的作品，而且自己的作品被老师和小朋友们很爱惜，这种被接纳和被尊重的体验感深深根植于幼儿的内心。

许伊佳：我一直在观察积木区的幼儿，我观察到两名幼儿，暂时叫他们俩小凯和阿桐吧。小凯和阿桐通过商量决定一起搭建宝塔，在搭到第4层时，阿桐把宝塔碰倒了，阿桐说是不小心碰倒的，小凯就原谅他了，然后他们一起搭。在第二次搭到第6层时，阿桐又把宝塔碰倒了，这次小凯就哭了，不愿意搭建了。他就去找张老师了，我看到张老师和他在聊天，过了几分钟小凯就回来了，回来后就和阿桐约定要小心地拿材料，然后他们俩又继续搭建了。在搭建的过程中，他们不断地调整积木的位置，最后搭了7层。我想知道的是，张老师和小凯说了什么？让他还愿意继续搭建？

刘艳：如果是以前，我肯定会以一系列的问题，例如阿桐是有意还是无意地碰倒的宝塔，如果是无意的，我们是不是要原谅他呢，你还想不想继续搭，有没有想过宝塔为什么那么容易碰倒呢？我们还可以用什么方法搭一个不容易倒的宝塔，来引导小凯解决问题。但是现在听到小凯的讲述和看到小凯伤心的样子，我说："老师知道你很伤心，自己想办法搭的宝塔又一次倒了。"通过这些话，试图让他知道老师是和他在一起的，能够理解和接纳他当前的情绪，从而能够让他感受到他在这个环境中是安全的，自己的行为受到老师的尊重。

聂晶： 我也看到小凯回来后，又很开心地和阿桐一起商量怎么搭建，这说明他的心里已经是愉悦的了。

刘琳： 对的，我们都关注到了小凯的情绪了。我觉得，自由的区角游戏环境不仅有丰富适宜的物质材料，还要能让幼儿感受到自己是被尊重的，他在这个环境里能够感受到被理解、被接纳，自己的情绪能够被认可、被理解！这是自由的区角游戏环境中的心理环境，这对幼儿的发展也是很重要的。

主持人： 大家今天的讨论很热烈，都仔细观察了大四班的区角游戏，认真思考，发现了自由的区角游戏环境的很多特征，不仅要有丰富适宜、有层次的操作材料来满足幼儿自我引导、自我主宰的需要，还要有被接纳、被尊重的心理氛围，让幼儿在这个环境中得到被尊重、被接纳等积极的情绪体验。

第二节　我们的教育故事

故事一：教师及时捕捉幼儿兴趣点，创设的游戏更加能够满足幼儿的需要

案例描述：

随着教学主题"我的祖国"的开展，孩子们常常自主地谈论自己去了哪些城市旅游，自己在那里玩了什么景点，吃过什么美食，见到了什么有趣的建筑，等等，有的孩子还会主动向老师询问一些城市在中国的什么位置。追随孩子的这些兴趣点，并且结合大班孩子对益智区棋类游戏的兴趣，教师经过和幼儿的讨论，和幼儿共同创设出了地面棋《环游中国》的游戏。棋谱是教师手绘的一张中国地图轮廓（4张大铅画纸拼接的大小），

其中标出了 21 个特征鲜明的城市位置，以红、蓝两色箭头区分成两条环游路线，每个城市旁边画有方框，用来摆放对应的特征图片。师生还共同讨论出了游戏方式：三人游戏，一人做裁判，两人做棋子，以"石头剪刀布"的方式决定每次走棋先后顺序。游戏规则：开始时两人均由南京出发，分别"游览"两条路线，每前进到一个城市需找出该城市的特征图片进行匹配，最后先回到起点者为胜。该游戏自正式投放第一天起就吸引了很多孩子的参与，我在对孩子游戏的细致观察中，也发现了各种不同的问题。

问题一：当孩子对不熟悉的城市无法匹配特征图时怎么办？

观察实录：

这是第一次进行这个游戏，歆然选择了蓝色路线，苗苗选择了红色路线，小元做裁判。两人共同站在"南京"的起点上，开始划拳走棋，每走一步基本都能读出城市的名称，对于特征明显的城市（如青岛、上海等），能很快找出图片匹配，但走到一些不太熟悉的城市（如银川、敦煌等）就遇到了困难，这时小元会对照自己手中的正确答案告诉她们摆放的正确与否，两人便根据提示不断进行更换。最后，苗苗先走回起点获胜，小元判定其正确，奖励她一颗小贴星。之后第二次，两人交换卡片、交换路线又进行了一次游戏，不过中途歆然去上兴趣班了只能结束游戏。

我的思考与做法：

三个孩子对于游戏都很感兴趣，积极专注地投入游戏，直到游戏时间结束。歆然和苗苗是很聪明能干的孩子，认识的字较多，所以能读出地图上的城市名，课外知识也很丰富，大部分图片能够匹配成功。小元也是一个个性活泼的孩子，不甘于在一边只能看不能参与，于是当同伴遇到困难时就提前告知答案，而忘记起初制定的游戏规则：需要到最后检查答案。裁判这样的参与效果显然干扰了游戏者自己动脑筋寻找答案的机会，不过一次不提醒确实有难度。

针对这样的问题，我没有像以前那样为孩子做决定，而是把问题抛还给孩子们，由他们自己商讨解决，孩子们也经过集体讨论制定出了新规则：只能提示走棋者一次，如再次匹配错误则不能更改。

问题二：怎样能够让孩子在特征图匹配中自主确定正确呢？

观察实录：

游戏一开始，钰轩和欣润对图片的配对就没有把握，摆放一次就会问一次裁判蕊蕊对不对，蕊蕊按照规定，只提示一遍。钰轩认识的字比欣润多，大部分城市都能读出名称，在图片配对中，即使第一次配对错误，但第二次总是能靠运气，或经过自己仔细比对图片和方框大小及横竖选对。而欣润则每走一步都需要老师提示到了哪里，图片配对也会在试了一次后仍然错误，结果错了一次，后面也不可避免地错第二次。第一次游戏结束后，钰轩胜利。第二次游戏他们交换了角色，由欣润做裁判，钰轩交换了路线，由于路线不熟悉，第二次游戏进度仍是缓慢，且需要提示。

我的思考与做法：

由于大部分幼儿还是识字较少，所以认读地图需要帮助，对于图片所描述的地方或特征也并不熟悉，所以配对较为困难。换作以前，也许我会在幼儿游戏中随时提供帮助，但随着课题的深入研究，我越来越觉得激发幼儿的自主性尤为重要，而教师要做的就是在幼儿的身后给与他们前进的力量。因此，我决定在材料上进行一些调整，即在配对图片的背面贴上写有城市名及图片名的标签，以方便幼儿在配对时可依据文字配对。调整之后师生又经过商量，决定不再需要裁判了，只需把正确答案贴在棋谱左下角的空白处，由游戏者在一次游戏结束后互相检查正确。

问题三：孩子过于依赖图片背面的文字怎么办？

观察实录：

在今天的游戏中，小汤和泡泡对棋谱上的城市名似乎都比较熟悉了，每走一步都能说出名称。泡泡在配对图片时的表现是不看图，直接翻看后面的字，而小汤则会把图片全部翻看一遍，仔细想一想，实在想不出来了，他会一边自言自语："我实在想不出来了"，一边再看后面的字，然后根据字找到正确的图片摆放。第一次游戏结束，泡泡以一步获胜，小汤被刮了一下鼻子，他很不服气，于是两人又进行了一次游戏。第二次游戏，他们仍然按照原来的路线走棋，一直到结束音乐响了，两人仍然在游戏，这时吸引了很多的小朋友来观看。最后小汤赢了，他如愿地刮到了泡泡的鼻子。

我的思考与做法：

泡泡是班上能力相对较弱的孩子，但他在游戏中能说出城市名称，说明孩子对游戏很感兴趣，也许他在老师不知道的情况下已经自动关注到这个游戏，并逐渐熟悉起来。在今天的游戏中，泡泡完全依赖于图片背面的文字，而使得游戏过程难度较低。针对这样的情况，我思考之后，觉得是材料欠缺了层次性，于是将之调整：配对图后面部分标签上写有完整的城市名；部分标签上只出示一个字；部分标签不写城市名，只写图片名。

问题四：当孩子出现图片摆错格子时怎么解决？

观察实录：

游戏开始后，小元和子轩划拳各赢两次，小元由于之前玩过这个游戏，所以每走一步都能快速地找到正确的卡片配对摆放。子轩也能在短时间内找到与文字对应的图片配对。走到第三步时，由于标签上的文字减少，配对出现难度，子轩把图片反面朝上摊开在地上，仔细地找正确的图片。在这个空当里，小元正在提前寻找自己下一步应走到的城市的图片。在之后的走棋过程中，子轩在摆放图片时会将图片摆错格子，导致配对时出错情况越来越多。

我的思考与做法：

调整了图片背面的文字，给幼儿的游戏增加了一些的难度，也给他们增添了游戏的挑战性。子轩出现的会摆错空格的情况，之前也有孩子出现同样的错误，主要的原因是有的城市上下都有空格，幼儿没有仔细观察城市名与空格之间的距离（应在距离近的空格内摆放）。针对这一情况，我和孩子们又进行了讨论，大家决定按照箭头顺序，在城市名与对应的空格旁写上相同的编号，作为一种错误控制，以便于自我检验配对的正确性。

这个游戏的创设由幼儿兴趣联系主题活动而引发，整个游戏过程包括前期准备、规则制定、材料制作与调整都由师生共同参与，幼儿的主体性得以发挥。到目前为止，幼儿对这个游戏都比较感兴趣，每个人都乐意尝试游戏，说明教师及时捕捉到幼儿兴趣点创设的游戏更加满足幼儿的需要，教师自身也在幼儿的积极性中感受到创设的成功感。

该游戏对幼儿的注意力、规则意识、合作意识、竞争意识等等都有不同程度的促进，也让幼儿在游戏中丰富了知识经验，满足了他们主动学习的愿望。作为教师，看到孩子们的这些成长与进步，有说不出的欣喜之情！

故事二：幼儿是主动、有能力的学习者

案例描述：

最近，在科学区，幼儿表现出了制作时钟的愿望。陆续有制作好的挂钟和座钟陈列在教室里。凌凌拿出了上次制作的钟继续加工。他用手推推后面的红色三角底座，然后到其他区角拿了几只卷纸筒，先拿了两只纸筒，竖放在钟面后，用手推了推钟面，发现有点后倒，又拿了三只纸筒横放在竖纸筒上，用手推了推前面的钟面，发现不倒了，就开始把所有的纸筒都拿下来。在每个纸筒上贴上双面胶，按前面摆好的样子黏贴在上面。他告诉老师："我的钟现在可以站住了，我用东西把它撑住了。我的钟可以挂也可以放着。"老师建议他去试着挂一下，他发现前面的三角形离墙面太远，又在后面画并剪了个有洞的三角，而且告诉老师："我的后面一样平了，现在可以挂到墙上了。"他两只手捧着自己的钟，小心地在第一个扁平的螺钉上试了试，发现挂不上，说："这个不行，要挂在伸出来的钩子上。"于是把它挂在了墙上下面那个伸出来的钩子上，说："看，这样可以吧。"说着，他就开心地笑了。

我的思考：

这是凌凌第二次加工他的钟。第一次制作后看到了别的幼儿的钟能不倒，引发了他第二次探究的兴趣和行为。我认为，他的探究具有了连续性和目的性，他的行为和思想具有一致性。他会寻找纸筒作为支架，能用几个纸筒进行排列，是在脑中进行了一个计划、假设的过程，用手推一推是在验证自己的假设过程。当他确信自己决定这样做了以后，他把所有的纸筒拿了下来，用双面胶按原样粘贴，表现了良好的记忆力和空间思维能力。他将脑中已有的表征图式转化为使用纸筒和双面胶材料的制作，能够主动寻找材料解决

遇到的困难。上述问题解决后，他有了想制作一个能挂能站的钟的想法。在班级同伴制作的单一挂钟和座钟的品种中，他的这个想法是个首创。在教师建议下，他把自己的钟尝试着挂一下后，他发现钟够不到钩子上，钟并不能挂起来，在反复的实验中他发现，妨碍它的不是上面挂着的把手，于是他又加上了纸筒并用绘画、剪洞的方法很快又做了个三角形贴在后面，用这样的方法贴近墙面。这时我认为他已经发现挂不上去的原因是距离，因此在后面增加了挂钩并试图和墙面保持平行。我觉得这是一个复杂的思维过程。整个过程体现了他的专注性、探究性、计划性、坚持性。虽然他做成了一个令他满意的钟是值得肯定的，但是在过程中体现的这些心智倾向更是值得赏识和肯定的！

凌凌，你今天是一个爱动脑、勇于尝试、主动解决问题的学习者。你像一个小小科学家一样，用探究、验证、再实验、再验证的方法让你的钟能够站起来，并挂在墙上。你尝试了用卡纸折三角形和用纸筒支撑的方法，在发现钟仍然站不起来的时候，你能不断调整，尝试新的方法，把纸筒放在不同角度进行支撑。你还是个善于运用已有经验的学习者，你能借鉴同伴的经验进行将平面的东西向立体转换的探究，同时在用纸筒支撑时能够运用以前使用过的对称方法。凌凌，我们太佩服你了！

故事三：在游戏中，充分重视幼儿自主探究和向同伴学习的力量

案例描述：

在户外活动区角游戏的场地上，欣欣和同伴进行着"安全通过电网"的游戏。电网由编制的网子和四张小椅子拉开，高度比较低。游戏的规则：如何不触碰到网子通过就算获胜。班级的孩子都有在垫子上爬的经历，因此都认为很简单，同时也想试试。看到别的同伴在通过电网时都发生了这边那边的触碰，欣欣显得既兴奋又紧张。欣欣共进行了两次游戏。第一次，他耐心地在队伍中等候，轮到他了，他迫不及待地把手和膝盖趴下向前爬，手撑在地上，膝盖顶着地面，屁股撅得高高的，碰到了"电网"。这时有小朋友提醒，"碰到网啦"，他调头看看，在调整屁股的时候，把腿放到了地面。他继续

用这样的姿势前行，还没两下，头又碰到了网子，他自己也发现了，赶紧把头低下来，这样胳膊就趴在了地上，他仍然试图用手膝着地的方法，快点爬，可总是碰到网子。起来后，他情绪有点低落，不再像先前那么开心。在第二次排队的过程中，他一直在观察其他同伴的动作。当小米在匍匐爬时，他一直看着小米的动作，还忍不住提醒："小米，小心，要碰到啦，往下面去一点。"第二次，欣欣一开始就全身趴在了垫子上，当他要抬起膝盖弓起身子时，似乎想到了什么，停了一下，又赶紧趴了下来，为了避免碰到网，他显得小心翼翼，不时回头看看，胳膊向前挪一点，身体带动着腿向前拖一点。就这样，在大家的欢呼声中，欣欣顺利地通过了"电网"，他的脸上又露出了笑容，一蹦一跳地跑到队伍后面排队去了。

我的思考：

欣欣对新的挑战很有兴趣，跃跃欲试。在"安全通过电网"的游戏中，他能运用以前手膝爬的经验，并且很快就在同伴的提示中，回头发现了自己的问题，他能针对屁股的问题，调整动作，解决了后面的问题，但前面头又出现了问题，他又用同样的方法进行了调整。他在观察的过程中能发现问题，并通过调整动作来解决问题。同时，他也善于观察同伴的动作，并将发现的问题，用语言向同伴传递。在第二次的尝试中，他的"一开始就全身趴了下去"和"停了一下"，说明了他能想到同伴的问题和自己刚才的问题，从而进行思考和调整，表明了他具有从经验中学习的学习品质。

欣欣在整个游戏中很有兴趣地参加了具有挑战性的身体动作的游戏，看得出他在游戏过程中不仅随时在调整和控制自己的身体和动作，还积极地进行思考。在面对第一次的失败后，他对同伴的观察更具有目的性了。他对同伴的观察和提醒说明他能通过自身的经验用语言把相关的信息表达给同伴。这种"提醒"，也是他对同伴所处情景的理解，反映了他的共情能力。他的第二次尝试明显地表现出他通过自身的经历和对同伴的观察，已经能很好地控制自己的身体动作来完成这个游戏所要求的。因为欣欣对这类活动表现了较高的兴趣和较强的学习能力，作为教师应该给他提供更多类似的游戏机会，在游戏中发展动作，同时考虑对不同动作具有挑战的活动，满足他对控制发展自己身体动作来完成游戏的更高兴趣和需求。

故事四：观察是了解幼儿行为、想法等的重要方法

案例描述：

冬冬想玩的游戏"建筑乐园"已经满员了，可是他还是决定向"建筑乐园"的方向走去。琪琪说："我们的人数已经够啦，你去玩别的吧！"冬冬欲言又止，迟迟不肯离开。当我发现这样的状况以后跟冬冬说："虽然不能玩'建筑乐园'的游戏了，你想想还能为'建筑乐园'做些什么事呢？"我知道冬冬的表征能力很强，我说："你看，他们在建筑乐园玩，可是如果有客人老师来，怎么让客人老师知道这里就是建筑乐园呢？"冬冬想了想，说："我来做一个建筑乐园的标志。"说完，他走到了美工区，一会工夫画了一座漂亮的小房子，旁边还画了个小朋友拿着个小积木！他拿在手里开心地给我看："老师，这是我给我们建筑乐园做的标志，小朋友一看到就知道这个是搭积木的地方了。下次我妈妈来幼儿园就知道这是我们小朋友搭积木的地方啦！"他把小标志剪了下来，用胶棒贴在了建筑乐园里，在乐园里玩的孩子们看见他贴的小标志问了起来："冬冬，这是什么呀？"冬冬说："这是我给建筑乐园做的小标志，这样别人一看就知道这里干什么的了。"心儿说："冬冬，我们的马路上还少个红绿灯呢？你能做个放在这里吗？不然小汽车不能安全行驶了。"冬冬开心地点点头，又来到了美工区继续他的创想之旅。

我的思考：

在整个区角游戏活动开展中，教师作为观察者，要善于观察幼儿的行为，了解幼儿的想法。当孩子在游戏过程中遇到困难、需要帮助的时候，应适当介入，以开放性的问题来启发幼儿，与之互动。虽然冬冬知道"建筑乐园"的游戏已经满员了，可是还迟迟不愿离开，说明孩子是非常渴望参与这项游戏的，但是他无法理解和接受不能参与游戏的事实。在这样的时刻，教师应具备观察幼儿并发现问题的能力，及时思考，施行适当的解决方法。同时，教师也要作为幼儿游戏活动的共同参与者，并不需要直接告诉幼儿该做什么，而是通过用开放性的问题与幼儿进行商量，激发幼儿自己想出解决问题的办法，使得幼儿真正主宰自己的游戏，充分发挥了幼儿游戏的主动性。

在上述案例中，冬冬通过与教师的互动自己想出并设计了的"建筑乐园"标志，不

仅得到了同伴的认可，而且也使他自然的融入到了同伴的游戏中。在此过程中，他遇到了问题，通过老师的启发自己动脑筋解决了问题，在这一系列的过程中，冬冬体验到了快乐、成功、满足等积极的情感。这也促发了我的思考：只有当你真正观察、了解幼儿，走进幼儿的内心，才能充分调动幼儿的主动性。只有善于发现问题，正面引导幼儿，才能启发幼儿独立自主的思维和想象。如果面对问题时直接告知幼儿该去做什么，怎么做，这样的方式不仅扼杀了幼儿的自主性，不利于幼儿自主选择，也会让幼儿形成一种被动等待的行为习惯。

故事五：教师的等待也是一种积极的支持

案例描述：

班级正在开展"我上小学了"的主题活动。在区角游戏中，浩宇利用薯片罐子做了一个蝴蝶笔筒，他说："我上小学了，就会有好多好多的笔，我做个笔筒，把笔装起来。"他做的蝴蝶笔筒得到了部分幼儿的喜爱，这些幼儿也发起了做笔筒的活动。可是也有幼儿告诉他说："蝴蝶两边的翅膀是对称的。你做的翅膀是不对称的。"在听到幼儿的话语后，我正想告诉浩宇如何才能剪出两片一模一样的翅膀时，浩宇说："我下次做个对称的翅膀。"听到浩宇的话，我闭上了嘴巴，心想也许浩宇会尝试剪出对称翅膀的方法，我应该给予他自主尝试和探索的机会。第二天，果然浩宇又选择了做蝴蝶笔筒，他在那里不断地尝试，最后他先剪了一个翅膀，然后把剪下来的翅膀放在纸上进行拓印，又剪出了一个一模一样的翅膀。他满脸笑容，对旁边的小朋友说："我成功了。我会做对称的翅膀了。"可是，第三天，浩宇又选择了做蝴蝶笔筒的活动，原来这次他还是尝试剪对称的翅膀，最后，他又想出办法来，即先把纸对折，然后在上面画出翅膀的样子，最后用剪刀一起剪，剪下来的翅膀是一模一样的。他还把三次做的蝴蝶笔筒进行了编号，即第一天做的是1号，第二天做的是2号，第三天做的是3号，然后把它们陈列在一起，有同伴来观看他的蝴蝶笔筒时，他都乐于讲解给他们听。

我的思考：

我全程观察了浩宇做笔筒的过程，从第一次的尝试用薯片罐子做蝴蝶笔筒，到第二次和第三次尝试做有对称翅膀的蝴蝶笔筒，这都展现了浩宇能够根据自己的需要，即上小学后需要笔筒来装笔，来选择适宜的材料来进行尝试，在尝试的过程中能够接受同伴的意见，探索不同方法来剪对称的翅膀，表明了他在遇到困难时能够积极想办法解决，而且能够在每次游戏后对自己的行为进行评价的学习品质。而在这个过程中，正是我的等待给予了浩宇充分尝试和探索的机会，充分利用已有经验来解决新问题的机会。案例中的浩宇经过两天的尝试，探索出了剪出对称翅膀的方法，体验到了取得成功后的满足感和成就感。试想如果在其他幼儿提出浩宇的蝴蝶翅膀是不对称的时候，我就直接告诉他怎样能剪出对称的翅膀，这不仅剥夺了浩宇思考的权利和机会，还会挫伤浩宇积极主动思考解决问题的积极性。时间久了，浩宇就可能会形成一种认识，即：在我遇到问题和困难时，我不需要思考，我只要等着老师来教我就行了，从而形成一种惰于思考的习惯，形成一种等待他人填塞知识的习惯。这样做不利于幼儿积极主动性的发挥，也不利于幼儿"思考自己做过的事情并从经验中学习"的学习品质的发展。而且浩宇在一次次的尝试中获得的剪对称图形的方法一定是处在其最近发展区内的，而不是使用的教师的方法，如果教师一开始就告诉浩宇该怎么做，而教师的方法并不处在浩宇的最近发展区内，也许就扼杀了浩宇探索"剪对称图形"的好奇心和兴趣。

故事六：教师应给予幼儿自主探索的时间和空间，同时在适宜的时机提供适宜的支架

案例描述：

班级正在开展家庭玩具资源在区角游戏中的利用的相关研究，所以家长带来了一些材料，我们尝试着直接或改造后放在区角游戏中。其中一名家长带来了立体折纸的材料，考虑到该学期有做立体礼物盒的活动，而立体折纸和该活动相似，所以我将其放在"创意纸

工",并告诉幼儿新增了"立体折纸"的活动,以及他们需要什么辅助材料来做立体折纸可以自由去班级材料库里取。有些幼儿选择了胶带,用胶带把立体折纸造型绑起来,像包粽子一样。幼儿把自己做好的立体造型放在靠近"立体折纸"的桌面上,为了满足幼儿保留作品的需要,我就将该桌面开辟为作品展示区。随后的几天,幼儿都是使用胶带来固定立体造型。后来就没有幼儿选择立体折纸的活动了。看着幼儿的行为,我有些着急了,可是想起我听到幼儿之间的谈话,"弄不好,总散开";"绕起来一点都不好看"……我发现是幼儿选择的胶带不适合用来固定立体造型。但我深知经验是幼儿在与材料充分互动的过程中获取的,所以我没有告诉幼儿可以选择什么材料来固定立体造型,而是在集体谈话时我把班级的材料库又向幼儿介绍了一下,并请幼儿讨论哪些材料的作用是一样的。幼儿们通过观察把材料库的材料进行了分类,有工具类(放大镜、螺丝刀等等),有装饰类(钻石贴、皱纹纸、毛根等等),黏贴类(胶带、双面胶、胶棒、泡沫胶、胶枪等等)。随后,又有幼儿选择了立体折纸,他们尝试了胶棒,但发现胶棒不能粘住,总是散;有些幼儿尝试了双面胶,发现双面胶能较好地固定立体造型,而且还比较漂亮。慢慢地,有些幼儿还会把双面胶的宽度剪成一半,他们还知道要节省双面胶了,把立体造型做得更加美观。

我的思考:

看到幼儿的作品,我很震惊,幸亏我没有直接告诉幼儿,没有剥夺幼儿探索每种材料特性的机会,没有剥夺幼儿从经验中学习的机会。这也让我意识到不是教师发现了问题后就要直接帮助幼儿解决,剥夺幼儿思考的机会。幼儿是积极主动的学习者,幼儿在充分探索每种材料特性的基础上,会选择最适宜的材料。但教师在发现幼儿遇到困难后,仅仅是继续观察吗?其实不然,教师要在充分了解幼儿行为的基础上,给予适宜的支持来引领幼儿获得更高水平的发展。例如,在本案例中,教师发现幼儿是在固定立体折纸的材料选择上存在问题,所以教师就利用集体谈话时和幼儿共同分析班级材料库中材料的特性,让幼儿明确哪些材料是具有同一种作用的,在此基础上,给予幼儿自主尝试和探索的条件。幼儿在尝试和探索的过程中不仅获得了用什么材料固定立体造型最合适的经验,还充分体验了与材料的互动,通过不断地尝试,感知每种材料的特性,最终在原有经验的基础上获得发展,这也符合《指南》中指出的"最大限度地满足和支持幼儿通过实际感知、直接操作和亲身体验获取经验的需要"。